霸權貨幣的地緣政治課

何思因——著

堅實的政治基礎、掌握住咽喉要地，
綜合國際政治局勢、供應鏈、科技發展並熟知國際法，
將是主宰世界的關鍵。

目次

序

這本書是講歷史上兩個貨幣霸權的故事——英鎊及美元。第一章「有錢才是霸道」說明國家不管是想生存、或是想擴張，有錢也許可以橫行天下，沒錢一定被人霸凌。這本書裡，我沒有嚴格地區分貨幣體系和金融體系，因為金融體系裡流動的血液就是貨幣。行文時，我如果講的是貨幣和其他貨幣間的關係，就用貨幣一詞；如果上下文講的是金融體系裡的市場、結構或是參與者，我就會用金融一詞。第二章「英鎊霸權」討論英鎊如何步上霸權地位；第三章「霸權的轉移」講的是英鎊霸權如何轉移到美元霸權；第四章「掌控世界金融咽喉的美元」是美國如何武器化美元，用以制裁對手國；第五章「誰與爭鋒：歐元與人民幣對美元的挑戰」，探討歐元及人民幣是否能挑戰美元霸權的地位；第六章「美元霸權的未來」探討美元霸權的遠慮近憂。

這本書來自我的教書經驗。二十五年前，我在政大政治系教書，研究所的課使用的教材有史華慈的 *In Search of Wealth and Power: Yen Fu and the West*（哈佛大學出版社，1964），這本書講述清末知識份子嚴復一生的故事。在大學部的「政治發展」課堂上，我則用了高陽的著作《胡雪巖》（聯經出版公司，一九七四），學生當時學得有興趣，而我也收穫極多。這兩本書，不論寫的是知識份子還是紅頂商人，談的都是國家必須追求「富」、「強」。二〇一二年我到淡江大學戰略及國際事務研究所任教，繼續和我的研究生追求富強。

從政大到淡江，我的學生用功不懈，他們的認真給了我相當的壓力以及刺激。政大的研究生在我生日時，集資送了我一套二十冊的《嚴復合集》（財團法人辜公亮文教基金會，1998）作為禮物，這是學生對老師的鞭策。到了淡大，戰略所的研究生在我提筆寫下這本書過程中，時不時關心詢問：「老師，你的書怎麼樣了？」真是快到了耳提面命的程度。

這本書的所有圖表是戰略所學生們的成果。我要謝謝所有參與過我課堂的學生，希望他們的收穫，遠超過我從他們身上得到的。同時，我也希望這本書能幫助讀者們了解貨幣以及金融對國際政治的影響。

第一章　有錢才是霸道[1]

中世紀時，歐洲各處的領地逐漸演化成現代國家，經濟活動也開始以民族國家為單位逐漸演進，形成國民經濟，其後又逐漸形成國際體系。[2]這些國家的對外關係以打仗吞併為主，不這樣做，就無法獲得足夠的安全。因此不論對內或對外，國家都是合法的暴力集團。[3]為了遂行對外戰爭，不管是侵略或防禦，這個暴力集團的頭頭在國內必須有最高的權力，建立各種機制，才能汲取足夠的社會資源支應戰爭。這些找錢打仗的機制，包括如何跟有錢階級借錢、如何建立一個官僚體系抽稅、如何賣地鬻爵、如何強制徵收等等。近代歐洲國家的經驗，尤其是大國如法國、英國、西班牙以及後起的普魯士，或是中型國家如瑞典或荷蘭等國，都顯示出金融體系對近代國家建立的影響。[4]

在無政府狀態的國際社會中，國家想要生存，就得追求「富」「強」。就短程的國家資源分配而言，富與強這兩大目標可能有所衝突，例如多購置了軍備，經濟發展就得稍等一下。可是就長期而言，富與強幾乎一致——富即強，強即富。[5]用早期芝加哥大學重要的經濟學家賈克伯．維納（Jacob Viner）在《世界政治》季刊（*World Politics*）第一卷第一期第一篇文章的話來講，就是富強之道何在？[6]

金融制度與國際競爭

戰爭是國家生存的終極考驗。昆西．萊特（Quincy Wright）收集了一四八〇到一九四一年之間的戰爭資料，如果大大小小的戰爭，包括叛變內戰等都算進去的話，每一年的年初平均有零點六場戰爭，如果只算國際之間的戰爭則每年年初有零點三四場左右。路易．理察遜（Lewis F. Richardson）收集一八二〇至一九四九年的戰爭資料，每年平均〇．八一場戰爭。布維諾．狄馬斯奎塔（Bueno de Mesquita）收集一八一六到一九七四年之間的資料，則是每年平均〇．四八場戰爭。馬文．斯摩爾（Melvin Small）及大衛．辛格（David Singer）收集的資料顯示，一八一六到一九八〇年之間的國際戰爭，每年平均〇．

四一場。[7]這些資料庫因為對戰爭的定義互異，因此很難將戰爭數量標準化。但民族國家間戰爭之多，顯而易見。戰爭不僅數量多，而且規模日大。要打仗就要有錢。法國國王路易十二要征伐米蘭之前，他問計於傭兵司令吉安·楚瓦吉歐（Gian Giacomo Trivulzio）必勝之道，後者答：「必勝之道有三：錢、更多的錢、比更多還要多的錢。」[8]

其實從十三世紀開始，歐洲的主權君主因為缺錢，經常以契約方式僱用私人軍隊、外籍傭兵或是重商公司，為國家從事戰爭。換言之，為了省錢，國家准許非國家的軍隊，從事合法的暴力。[9]一直到十八世紀，國家的軍隊還有很高比例的外籍人士。例如：一七八六年時俄羅斯的軍隊中，外籍人士占百分之五十；英格蘭在一七七八年時，該比例為百分之三十二；法國在大革命前，該比例為百分之三十三；西班牙在一七九九年該項比例為百分之十四。[10]

可是這些暴力僱傭有許多問題，例如：私人軍隊和海盜很難在法律上分開；有些私人軍隊一方面受僱主權君主打仗，一方面也會回過頭來擄掠該君主的商船、殖民地；傭兵會開小差，也會和作戰對象私訂和約；重商公司則挾其財力及軍力，尾大不掉。我們因此可以了解，民族國家如果沒錢還要打仗，只好省錢僱人打，可是這樣也會對民族國家有所傷害。

打仗既不可免，民族國家就要有找錢的本事，包括：印鈔票、徵稅、做預算、找融資、強迫貴族貸款、透支信用、開銀行等等。這些找錢的方法形成了一個相互影響的體系，我們可稱之為金融體系。戰爭成了民族國家發展金融體系、經濟及社會最重要的自然機制。[11]我們可以想見金融體系強的國家，國際戰爭勝算就大；否則，勝算就小。以下舉一些重要民族國家作為例子，按照各國家成為強權的時間順序列出，[12]再加上日本及中國為比較。

在此我先說明霸權、強權之分。霸權是指在國際體系中，被公認首屈一指的國家。從有民族國家以來，只有兩個霸權國家，一是十八世紀到二十世紀初的英國，另一個則是從第一次大戰迄今的美國。霸權國家之外的二線國家，只能稱為強權。霸權是全球性的；強權則是地區性的；強權可以和霸權競爭，但總差了一步。不論霸權或強權，都需要靠金融體系取得金錢，沒「富」就沒有「強」，更談不上「霸」了。

西班牙（強權時代為一五一六—一六〇八年）

從查理五世繼任國王開始，西班牙藉著海上勢力，成為近代歐洲第一個強權國家。西班牙的財政支柱有三：最重要的支柱來自包括荷蘭（當時稱為聯合省）等低地國家、義大利半島上城市國家的捐輸；其次是西班牙南美洲殖民地掠奪來的金銀及寶物；最後則是國內基於特殊遊牧制度（Mesta）所得的稅捐。[13]這三項財政收入來源，以荷蘭低地國家的捐輸最為重要。可是西班牙的帝國太大，需要龐大經費維持，因此國家財政總是入不敷出。當荷蘭從一五六八年開始爭取獨立，發動反抗戰爭，再加上國內遊牧制度，使得經濟發展困難，西班牙的財政再也無法負荷其國際競爭。西班牙的財政在一五五七年、一五七五年、一五七六年、一六〇七年、一六二七年、一六四七年六次宣告破產，從此再也無法在國際競爭中掄元。

荷蘭（強權時代為一六〇九—一七一三年）

第一次西班牙與荷蘭戰爭從一五六八年，打到一六〇九年。戰爭的主要原因是荷蘭要脫離西班牙宗主的管束，西班牙和荷蘭這個蕞爾小國纏鬥了四十年。

一六〇九年兩國簽定停戰協定，該協定延續到一六二一年。停戰後，荷蘭在國際貿易和國際政治上的影響力迅速增加。第二次西荷戰爭從一六二一打到一六四八年。西班牙發動第二次西荷戰爭，是因為覺得自己的貿易及經濟被荷蘭逼得喘不過氣來。西班牙對荷蘭作戰，是以軍事摧毀荷蘭的貿易能力為主，[14]但最後是荷蘭贏了戰爭。其後荷蘭的強權一直延續到英國崛起，才被取代。我們要問的問題是：荷蘭人口這麼少——當時只有一百五十萬，土地面積只有西班牙的百分之七、自然資源也遠不如西班牙，[15]並且是聯邦制的國家，中央政府不像西班牙政府那麼強而有力，為什麼還可以勝過西班牙，進而成就強權地位？原因在於荷蘭有強健的金融體系，讓它可以動員更多的資源。

荷蘭的稅基廣、著重間接稅，雖然稅賦很重，但納稅人不會一下子負擔過重，被壓得喘不過氣來。有了穩定的稅收，政府用稅收保證還錢，貴族及老百姓就願意借錢給政府。荷蘭幣值也穩定，這表示借給政府的錢，不怕被政府用通貨膨脹政策偷吃掉。[16]再加上荷蘭的金融市場，即使從今天的眼光來看，都很有效率，[17]資本流通快，荷蘭政府可以用全歐洲最低的利率、最長的還款期限借到錢。[18]「富」造就了荷蘭的「強」。

英國（霸權時代為一七一四—一九一四年）

一六八八年光榮革命後，英國金融制度的發展有兩個重要原因：一是光榮革命帶來重要的政治穩定；[19]一是從荷蘭入主英國的威廉三世，把荷蘭的金融制度及人才帶入英國。英國金融體系的發展使其可以低利息、長天期舉債。[20]這種財政力量使得英國可以有更強的產業、更多的軍隊，因而躍居世界首強達兩百年之久。[21]十八世紀中葉，因為金融制度的發展，倫敦成為世界金融中心，英國更可以得到便宜的資本。[22]再加上十八世紀幾次戰勝歐陸國家，因而得以保持其美洲殖民地及西印度群島的市場。有市場、有資本，英國成為十八世紀工業革命的發源地。

根據估計，英國在一七〇二至一七一三年和法國就西班牙王位繼承問題作戰，一七三九至一七四八年和法國就奧地利王位繼承問題作戰，一七五六至一七六三年和法國打了七年戰爭，一七七五至一七八三年和法國及美洲十三個殖民地作戰，從其金融市場融資至少百分之七十五的戰費。一七九三至一八一五年和法國革命政府及拿破崙的戰爭中，則融資百分之四十二。[23]前述的這些戰爭再加上一六八九至一六九七年英法之間的戰爭，從光榮革命到維也納會議這一百二十六年之間，英國和法國的作戰年數達六十九年。英國所以能取勝，和其金融體系的強健有莫大的關係。

法國（強權時代為一六四三——一八七〇年）

法國是歐陸強權，作為英國霸權最主要的挑戰國，理論上應該是穩贏的。法國的人口一七〇〇年時為兩千萬，是英國的三倍；土地是英國的二點二倍；如果算可耕地面積則是英國的三點二倍。法國的經濟體是英國的兩倍，可是法國的絕對王權和賣官制度，使得法國徵稅困難，改革也無計可行。[24]

法國從一五九六到一七七〇年之間，以各種形式的方式七次賴債，例如國王片面宣佈停止付息，或是降低借來的本錢總額，或是根本就完全賴掉。[25]法國當時的金融市場，反映出借錢給法國國王有很高的倒帳風險，從最安全到最有風險的資產，其利率都比英國高百分之二；而且舊債展期後的新債利率也比舊債高。[26]從一六九〇後的一百年，任何一個戰爭年份，英國的軍事開支是年度稅收的一倍到一倍半，法國的戰費只有年度稅收的百分之五十到百分之八十；在七年戰爭時，英國比法國多花費百分之四十，[27]這表示英國比法國花得起戰費，可以以小搏大。法國的金融體系對其國際戰爭，有很大的負面影響。

德國（強權時代為一八七一——一九一四年）

當英、法兩國在十七世紀已是統一的民族國家時，德意志土地上仍有數以百計的小城邦。一八一五年拿破崙戰爭結束後，戰勝列強開了維也納會議。會議確定在德意志這塊土地上可有個鬆散的德意志邦聯，邦聯裡有三十九個平起平坐的邦國，沒有中央政府。到俾斯麥統一德國前夕，德意志邦聯仍有十八個邦國。可以想見在這個鬆散的邦聯內，金融體系有多破碎，從硬幣、紙鈔到貨幣之間的匯率，以至各邦國的銀行、銀行的功能、管理、各邦國的財政、關稅、對內稅務，全都鬆鬆散散。雖然在德意志統一之前，邦國、銀行、貨幣、關稅都有整合的趨勢，但是離英國標準還差了一大段距離。[28]

統一後，德國的金融體系開始整合。德國採取金本位，成立中央銀行，開始監管各個銀行，統一發行貨幣，中央政府控制稅收及關稅，規範政府支出及債務，成立證券市場。[29]金融制度的整合，使得德國的重工業可以得到資金奧援，造就了德國在第二波工業革命裡的領先地位，使德國的國勢開始逐漸追上英國。

美國（霸權時代自一九一四年迄今）

美國市場經濟及金融體制從立國開始，就一路成長。[30]第一次世界大戰之後，美國在國際上開始獨領風騷，其金融體制使它能在國際競爭中占有極大的優勢。遠者不談，第二次世界大戰之後，美國締造的布列敦森林（Bretton Woods）體制，把美元變成世界上最重要的準備貨幣。美國就利用美元的地位，融資提供給其在國際政治上的作為，尤其是援歐的馬歇爾計畫及越戰。[31]

此外，在冷戰最重要的十年期間，也就是冷戰的最後十年，美國在實質軍事支出上大幅超過蘇聯。如果以一九八〇年的支出為基數一百，到了一九八九年美國的支出為一百五十，蘇聯則仍是一百。而同時期美國的實質個人消費成長也遠超過蘇聯。換言之，美國不因為軍事支出犧牲掉經濟成長，蘇聯則顧此失彼，最後國家財政困窘。戈巴契夫雖想改革，但無法解決重重問題，蘇聯只有走上瓦解一途。[32]

日本（強權時代為一八六八—一九四一年）

一八六八年，也就是明治維新之後的兩年，日本在倫敦的金融市場上市國家公債。當時借了一百萬英鎊，利率為百分之九，期限為十三年，借款條件十分嚴苛。日本在一八九五年打敗中國，於一八九七年採取金本位。它在倫敦市場上再一次發行公債，額度為四百三十九萬英鎊，利率只要百分之五，期限為五十年。一九〇五年打敗俄羅斯之後，日本又兩度在倫敦市場上發行公債，第一次額度為六千萬英鎊，利息百分之四．五，期限二十五年；另一次額度為兩千五百萬英鎊，利息百分之四，期限也是二十五年。[33]這兩次借款均用於軍事。另外兩筆於一九〇七年及一九一〇年的貸款，償還期限竟然分別是四十年、六十年。日本能在英國金融市場賣出這麼多公債，反映出日本國內金融體系的能力。金融能力大大幫助了日本的軍事力量。

中國

歐洲的民族國家自十六世紀開始興起，中國正當明朝之時。我們不必深究太遠，只要看黃仁宇所著的《萬曆十五年》以及《十六世紀明代中國之財政與稅收》，就知道中國的積弱和其落後的金融制度息息相關。[34]明朝從貨幣到徵稅、從稅收管理到經濟整個內在結構，全部都是問題。一些聰明人像張居正、戚繼光只能做些技術性的改革，動不了根本結構。他們一離開政治舞台，所有事情一仍舊貫。這樣的制度對明朝的軍備危害極大。清朝上台，雖有改革，但實在比不上西方國家的發展速度。一直到十九世紀中葉，清朝還在為京餉匯兌方式，到底應該用傳統的馬匹銀鞘起解到京，還是用有效率的銀票，爭執不休。[35]也無怪乎中國從鴉片戰爭開始，在歐洲國家創建的世界體系裡，始終不是西方國家及日本的對手。「百年屈辱」是中國近代史最重要的一課。

金融制度的政治基礎

這一節聚焦英、法這兩個在早期近代歐洲的競爭死對頭，詳細說明金融制度對國際競爭的影響。我先討論英國如何脫出重商主義、如何改革其政治體制，最後影響了其金融體制。法國則為英國的對照。

重商主義興起於十六世紀，沒落於十八世紀。重商主義興起的時間和民族國家的興起幾乎同步。有關重商主義的論述極多，這裡不多作敘述。[36]大體而言，重商主義有對外、對內兩個面向。對外面向認為政府應該介入國際貿易，以累積金銀通貨，追求國家財富、追求貿易順差、促進完全就業、保護本國產業，以增強國勢。[37]這其實就是把民族主義的想法帶入國際經濟，重商主義是民族國家追求「富」的指導原則。[38]

重商主義的對內面向則認為重商主義是一套國內的政治經濟制度，這套制度是政府為了增加短期稅收，於是用政治力量製造出許多壟斷事業，使得政府及私部門都可尋租。尋租的意思是指政府及私部門為了求富，不努力改善經濟基本面，只想靠政治力量獲得財富。也就是不想付改善基本面的成本，只想弄個租金過日子，而這會降低整體經濟效率。重商主義因此便宜了個體，損害了整體。利益團體、[39]政府的過度管制都是尋租。[40]

重商主義的對外、對內層面，其實互為表裡，例如民族國家可以限制進口，這就便宜了一些和進口貨競爭的國內產業。國內產業因此很有動機遊說政府，繼續限制進口。照理說，國內產業應該改善體質，好競爭過進口貨。但改善體質成本高，遊說政府成本低，產業因此有動機在政治上搞尋租，日子好過得多，卻會降低整體經濟的效益。

英國的重商制度就是一大套政府創造出的壟斷事業，或是政府的管制措施。這些壟斷事業及管制措施，可以給國王帶來收入。此重商制度始於中古時期的行會制度，到多鐸王朝的伊莉莎白女王一世時達到巔峰。在地方上，各地之間的貿易、價格、工資都受到控制；在國家層級，則是國王、貴族組成的國會、國王的樞密院（Privy Council）——國王的高級顧問團，或是國王法院[41]共同壟斷政治權力，然後用政治權力規範經濟，大家發財。它們有權發給特許的經營權，產生壟斷事業，包括火藥、硝石、鹽、紙、各種採礦事業等。[42]這些壟斷事業要值錢，政府及壟斷事業的購買人就一定要有辦法執行壟斷，杜絕競爭。伊莉莎白女王一世在這方面高明之處，在於把政府管制政策的細節在法條中訂的清清楚楚，然後加強執行機構的責任。這些執行機構包括行會、國家設立的地方行政官，以及地方法官。

可是從十七世紀初，英國的重商壟斷事業開始逐漸失去管制力量。這有幾個原因：第一，執行管制政策的地方法官是沒有薪水的，其他地方官有的沒薪水，有的低薪。因此他們沒有物質誘因嚴格執行壟斷的管制政策，反而願意加在競爭者中可以賺幾個錢，管制因此出了漏洞。[43]

第二，管制在城市很有效，因為城市人口集中、交易集中，政府及壟斷事業者可以很容易收集到資訊，處罰競爭者。可是鄉村地區大，人口分散，交易很難記錄，管制成本因此升高。舊有城市的資本及勞工因而轉到鄉村的「自由貿易區」，以尋求更多的收益。[44]

第三，英國的法律在當時有兩條線——習慣法庭及國王法庭，習慣法庭通常站在國會這邊，國王法庭當然站國王一邊。因此當國王特許的壟斷事業被挑戰時，法律案件如果落入習慣法庭審理，國王特許的壟斷事業要吃虧；反之如果是國會特許的壟斷事業遭到訴訟，而案件落入國王法庭，國會特許的壟斷事業便吃虧，因此法庭的競爭造成了壟斷事業管制政策的鬆動。[45]英國國王不是不了解習慣法法庭的政治傾向，因此使出各種程序手段，務使國王法庭能吃定支持國會的習慣法法庭。

第四，十七世紀中葉以後，在特許壟斷事業上，國會開始逐漸勝出。一六二四年，英國國會通過壟斷法，嚴格限制國王特許新壟斷事業的權力。但國會並沒有廢止已有的壟斷事業、對未來可壟斷的事業做了許多例外、也保留了國會的壟斷權力。[46]國王要許可壟斷事業，除非該事業是新發明，國會因此開始專利權的制度。另一方面，國會很快發現，它要特許壟斷事業很難。原因在於國會是合議制，要特許某個壟斷事業，結果人人都想分杯羹，使得特許難產。不像國王是一人決定，壟斷事業要特許給誰不必經過合議。國會勝出，使得壟斷事業很難擴張。[47]

伊莉莎白女王一世之後，英國歷經四個國王：詹姆斯一世、查爾斯一世、查爾斯二世，以及詹姆斯二世。這幾個國王當權時，國王壟斷經濟的權力已逐漸沒落，財務狀況因此越來越差。一六〇三年詹姆士一世才剛繼位，就要面對伊莉莎白女王與西班牙在一五八八年打海仗所欠的戰費，他以賣皇室領地為因應之道。據歷史統計，在一六一七年，歲出仍占歲入的百分之一一〇，入不敷出。[48]他的兒子查爾斯一世在位時，財政情況毫無改善。再到後面的查爾斯二世、[49]詹姆士二世更是每下愈況。財政赤字要怎麼彌補呢？

第一個辦法是向有地產的貴族，或是倫敦有錢的鑄金商人——銀行家（goldsmith-banker）貸款。可是皇室常常改變貸款條件，或是要求展延本息付款期限或要求降利，或是要求延長貸款期限，或乾脆完全賴掉。例如一六七二年，查爾士二世因無法償還與荷蘭打仗的戰債，再加上國內黑死病流行，以及倫敦大火、經濟衰退，他因此下令財政大臣對所有皇室舉債不再償還。由於賴債，查爾士二世與貴族及有錢人組成的國會關係惡化，因而埋下光榮革命中財政層面的遠因。[50]賴債等同於作為其實就是等於徵稅——不須經過國會同意的徵稅。皇室找錢的第二個辦法，就是不顧國會對國王壟斷權力的限制，再繼續創造壟斷事業，然後賣掉這些事業。第三個辦法則是賣爵位，本來說好只賣幾個的，爵位才可保值，結果卻越賣越多，造成爵位通貨膨脹。第四個辦法則是以公益之名，以遠低於市場的價格強行徵收土地，再轉手賣出。

這四個國王和國會都因財稅問題，多所爭執。國會與國王之間的鬥爭最後因為宗教問題及與法國的關係，有了戲劇性的發展。簡而言之，國會認為詹姆士二世信奉天主教，又深受天主教的法國國王路易十四的支持，因此國會擔心信奉新教的英國國會受到天主教及法國的過度影響。不過因為詹姆士二世的繼承人是瑪莉，她嫁給了荷蘭的奧倫支大公威廉，兩人都信英國國教，因此國會還可耐心等待。可是一六八八年時，詹姆士二世忽然得子，立即改變了繼承順序。

國會內的兩個主要政黨——惠格黨及托利黨，因此邀請威廉入侵英國。該年十一月，威廉登陸英國，詹姆士二世出亡法國，也就是光榮革命。

光榮革命後，英國做了重要的體制改革。第一，國王不再超越法律，他必須和國會平起平坐。第二，國王要徵稅，一定要有國會的同意；國王要用錢一定要用在國會同意的政策項目上；國王在平時要有一支軍隊，一定也要由國會同意。第三，廢掉國王法庭，使習慣法庭及法官獨立於以國王為首的行政權之外。第四，威廉及瑪莉在接受王位時也接受了「權利宣言」，該宣言明確保障人民的權利及自由。第五，因為國王代表的行政權、國會代表的立法權及司法權都相互獨立並且制衡，再加上國會的合議制及兩黨政治，國會自己也無法專權。

英國的政治改革對其金融體制有深切的影響，因為此舉解決了國家與金融體制之間的根本矛盾。這個矛盾在於國家要夠強，才能維持金融體制的完整；但國家不能強到能夠隨意賴帳，因為隨意賴帳，就沒有人願意借錢給國家。

光榮革命後，英國國王想借錢，債權人知道國王一定會還錢，因為他們的代表，也就是國會，不會讓國王賴帳。此外還有獨立的司法權給了國王的債權人多一層保障。換言之，金融財產權有了制度的保障。其次，國王要徵稅，一定要國會同意；國王要用稅收，還得用在國會同意的項目上。國王無法濫用稅收，國會也會確保稅收的一部分可作為還款，這又是另一個制度保障。因此光榮革命後，英國的金融市場開始大幅成長。[51]這個活躍的金融市場使得英國可在這個市場中以低利、長天期借錢，給了英國國際競爭雄厚的本錢。再加上國內重商制度開始逐漸消褪，經濟得以成長，又幫助了金融的成長。[52]

法國在政治制度上的發展，和英國成明顯的對比。法國在一七八九年大革命之前的政治體制，對金融有很大的負面影響。這段時間的政治體制是絕對王權，議會對於國家財政，尤其是徵稅一事，向來無權置喙。這和法國自英法百年戰爭以來的政治發展有很大的關係。

法王查爾斯七世在百年戰爭的後期，對外要把英國人及勃根地人趕出法國的領土，對內要對付民生凋敝引起的大批盜匪，因此需要不斷徵稅。查爾斯七世的戰功使他自一四二八年開始奠定王權，國內已經沒有人可以和他競逐權力；另一方面，國會也希望能維持國內和平，因此對於查爾斯七世自賦的國王可單方徵稅的權力，並沒有表示太大異議。國會在一四三九年最後一次同意國王徵稅後，法國國王就壟斷了徵稅的權力。[53]

從一四三九年至一七八九年法國大革命，歷代國王把法國塑造成一個以絕對王權為基礎的財政國家，也就是法國的國家機器是環繞財政運作的。[54]法國國王的做法是賣官，賣出去的官形成了國家的文官體系；法國的貴族則加入這個重分配國家財富的機器，共同運作。[54]賣官對王權的運作非常有幫助。

第一，賣官視官位大小有不同的價碼，官位可由國王自訂沒有上限。國王因此可以拿到一筆現金，其實這就是國家稅收。國王以後還可視官位的價值，追加官位價碼。

第二，買官的人給了國王一筆現金，這筆現金名目上是給國王的貸款，然後國王逐期攤還。可是國王不會有錢還的，因此國王就用免收該官位的稅抵帳，或是由該官位代收民間稅款部分上繳，部分做抵帳用。再加上官位可以世襲、可以轉賣，增加了保值性及流動性，因此官位有其市場價值。為了保值，買官的人當然要擁戴國王以維護其官位的價值。

第三，國王藉著層層封官，對社會經濟各層面可達成全面的控制，因而穩固了王權。買官的人為了回收買官的投資，因此會努力徵稅、也會努力維護國王隨官賣出的各種壟斷事業，法國成了「買賣官位的尋租社會」。這個賣官體系的最上層當然是國王，其次是國王任命的國務院。[55]國務院下面最重要的就是財政部，該部是法國國家財政及文官行政的中心。財政部長的權力僅次於國王，國務院一半的命令或立法都出自財政部。法國大革命前夕，直接聽命於財政部政長的官員包括六個財政部的監察官，他們負責全國不同地區的稅收管理、三百個中央級的行政官、三萬五千個地方行政官、三十二個各省的監察官、四百個各省的監察次官，以及所有管制壟斷產業的各級檢查人員。[56]隨官賣出的特許壟斷事業，也就是政府管制項目，多如牛毛，例如對染布的管制就有三百一十七項之多；生產布的過程需要經過六次政府檢查。[57]

法國的這個制度雖然使國王收稅十分方便，但卻對長久的經濟發展及金融發展十分不利。因為國王及其以次的層層文官可以巧立名目徵稅，被課稅人的財產權沒保障。又因為特許壟斷事業發達，使得商業及製造業的創意被扼殺。再加上法官也是可以買賣的官位，因此無人可仲裁任何有關財產的爭執，以上這些因素阻礙了法國的長期經濟發展。

在金融發展方面，法國國王的債信也遠不如英國國王這麼好，因為債權人知道法國國王的絕對王權使他可以隨心所欲地賴債。法國國王也知道他債信不佳，因此會要求臣下——文官及貴族，為其背書。因為這些臣下不像國王有絕對王權，他們如果賴債的話，會被告進法院，所以債信反而比國王好。為了對抗國王可能的財產權侵權，或是被債權人告進法院，這些臣下只好聯合起來，形成像公司一樣的組織，為國王借款聯保。[58]國王為了借重這些臣下所形成公司的債信，只能牽就這些公司的特權。到了法國大革命之前，法國的財政再也撐不下去了，路易十六雖想改革，但是三百餘年來的絕對王權形成的文官結構使得他無計可施。[59]當法國走向流血革命之際，英國正準備迎接工業革命。

從以上英、法兩國的例子，我們可了解金融制度的發展有其政治基礎。這個基礎如果是分權的、制衡的，則有利金融制度的發展；如果是專權的、沒有政治制衡的，則不利金融制度的發展。一般來說，一個適於金融發展、經濟發展的政治體制，大多含有分權的設計。

貝利．溫格斯特（Barry Weingast）認為這種保障市場的制度有五個特徵：（一）有不同層級的政府；（二）每個層級的政府各有其自主性；（三）中央層級以下的每個次級政府對經濟有主要的規範責任；（四）中央政府能確保這個國家的國內市場是個共同市場，才不會有地區貿易保護主義；以及（五）次級政府會受到硬預算限制，也就是不處理好經濟，破產也沒人來救。這五個特徵加起來，使得在此一政治制度中的每個參與者，都有動機遵循這個制度下的規則。[60]亦即這樣的政治制度最適合經濟及金融市場的發展；[61]反之，如果政治制度中的權力設計沒有分權，只有專制，金融市場就不易發達，經濟就不易成長，進而對國勢產生負面影響。[62]

金融市場的微觀基礎：市場規則及市場參與者

英國的金融市場並不是在光榮革命之後一夕之間誕生的。在光榮革命之前，西歐的國家或地區已有金融市場的運作，其中的佼佼者在十三、十四世紀為義大利的各城邦；到了十六世紀及十七世紀則是荷蘭，[63]其金融市場的效率讓其他國家難望其項背。英國一直到了一六七二年才有股票市場，但是從皇家非洲（Royal African Company）及哈德遜灣（Hudson's Bay Company）這兩家共同股份有限公司的股票交易記錄來看，英國的金融市場逐漸成長。[64]光榮革命之後，因為投資人的財產權獲得保障，金融市場交易變得活絡，英國開始追上荷蘭成為世界金融的中心，英國和荷蘭的金融市場開始逐漸整合。從這兩個市場的資訊網路、股票交易的即時價格以及遠期價格來看，到一七二三年，這兩國金融市場的效率已經是一致的了。[65]這意味著倫敦金融市場的擴大及深化，可以吸收更多的國內外資金，為英國所用。[66]以下我從兩方面討論倫敦金融市場的興起：市場的規則及市場的參與者。

市場的規則最重要是「讓受性」（assignability）及「可轉讓性」（negotiability）是否夠充分。所謂讓受性是指債權人，例如借錢給國家的人，能把債權轉給第三者，而且這個第三者對原來的債務人有相同主張的權力。當英國國王在一六七二年賴債之後，債權人為了解決問題就希望能把國王欠的債務轉受給有意承接者，而引起許多法律問題。[67]可轉讓性則指一個金融工具可由一方轉移到另一方，另一方則對這項金融工具有使用權，這個轉讓在法律上的權利義務有其清楚的定義。[68]讓受性及可轉讓性如果充分的話，表示市場的變現性高。市場的變現性高，表示就會有更多的金融工具，也有更多的人會投資在這些金融工具上。這些工具一開始只有債券及共同股份公司的股票，以後還包括了政府各單位發的票券、公司債、商業本票，國內匯票、國外匯票、年金、保險（尤其是海事保險）等。[69]

其實這些金融工具自十一世紀開始，即不同程度地存在歐洲各地，但是因為變現性差，使用規模都很小。直到荷蘭及英國解決了讓受性及可轉讓性的問題後，這些金融工具便在這兩國的金融市場大規模出現，使得金融市場的規模變大變深。

在這裡必須一提的是，自十七世紀開始，英國的商事法開始逐漸融入習慣法之中。自十一世紀開始至十三世紀初，西歐地區就已逐漸形成了一套商業法律（lex mercatoria）的原則、觀念、實際運作的規則以及程序。這套法律包括商業法庭、銀行支付工具、契約、信用、各式貸款的操作等，[70]因為和國際商業有關，而自成章法，和平常通用的習慣法大不相同。而商業訴訟又會涉及習慣法的領域，並且經常受制於習慣法，兩者扞格會阻礙市場的運作。

到了十七世紀後期，尤其是約翰．荷特（John Holt）首席大法官任職期間，隨著幾個重要案例的判決，[71]商業法獲得確立。這個發展對金融市場的運作有很大的助力，因為商業法規範、保障了持有前述各項金融工具投資人的財產權，使人願意投資。此外公司逐漸獲得獨立的法人地位，這個規則的重要性在於降低投資風險。從十八世紀始到十九世紀，英國法律對公司的觀念幾經演變，對股份的觀念也跟著演變。[72]當公司及股份的定義清楚時，投資人的財產權也獲得保障，公司因此被認為是經濟得以發展最重要的、革命性的組織發明。[73]英國自十七世紀以降，商業法律的發展和金融市場的發展息息相關。

就市場的參與者來看，最重要就是共同股份公司。當時歐洲各國資本為了發展貿易、探險、殖民，必須集結才能從事這些大規模的活動。這些集結起來的資本就是公司最早的形態，例如，一三五九年成立的英格蘭商人冒險團（English Merchants Adventurers）就是一個從行會過渡到公司的組織。到了

十五、十六世紀這些集結的資本組織發展更為細密，稱之為規範公司。其特徵有三：一是這些資本都是短期資本，等到一次船隊出發回來，資本依股份結清盈虧後就解散，下次再依不同的目的集結投資人；二是每個公司下的合資人都可頂著公司之名自行貿易，僅受公司規章最少的規範；其三，國王通常也是這些公司的重要投資夥伴，他會以國家權力分給某個公司一些國際經營地盤，讓這些公司可以得到壟斷利益。

到了十六世紀，這些公司資本變得較長期、組織也較為複雜，稱之為共同股份公司，是當代公司的前身。[74]這些公司包括：

1. 英國的莫斯科公司，一五五三年成立，主要和俄羅斯貿易並想找到一條從西歐東北方到亞洲的通道。
2. 地中海公司，一五八一年成立，主要和地中海以東的地區貿易。
3. 東印度公司，一六〇〇年成立，是所有股份有限公司中存活最久、影響力最大的公司。
4. 維吉尼亞公司，一六〇六年成立，殖民現在美國東岸地區。
5. 哈德遜灣公司，一六七〇年年成立，和現在加拿大東岸地方的印第安人貿易。

6. 英格蘭銀行，一六九四年年成立，一開始是為英國政府融資的銀行，後來成為英國的中央銀行。

7. 南海公司，一七一一年成立，後來形成一七二〇年英國金融風暴的中心[75]等。

此外荷蘭、法國、西班牙、葡萄牙等國，都有其國家支撐的共同股份公司。以下我以東印度公司為例，討論公司在金融市場中的運作。這些運作包括以下三個層面：公司與政治的關係、公司的財務運作、公司治理。三個層面互相牽連。重點是公司的運作是金融市場的核心，公司運作好、金融市場運作順利，對國家的富強就有極大的助益。

共同股份公司興起之際，也是重商主義興起之時。共同股份公司是重商主義政治經濟體制中的重要部分，因此共同股份公司和政治關係密切是很自然的。在光榮革命前，東印度公司是英國最具規模的公司，[76]和國王的關係一直都非常緊密，尤其自詹姆士二世入股東印度公司後更是如此。

對國王來說，東印度公司給國王的貸款及餽贈是國王重要財源，東印度公司的商業網絡也給國王提供了許多恩庇機會；光榮革命後這些恩庇位置就被政黨拿去了。國家也要用東印度公司擴張海外勢力、打擊他國的貿易。[77]對東印度公司來說，國家特准的壟斷事業是賺錢的保證；國家的保護，例如海軍對遠洋貿易的保護，其實是國家對公司的貼補。因此東印度公司經常都以為國家提供公共財為由，要求國王繼續給予壟斷權，這些公共財包括維護航海安全、在海外據點設置碉堡、和土著交涉協議。[78]到了光榮革命之後，東印度公司及其他的共同股份公司，就和國會裡的政黨結合，例如一七一二年時，東印度公司及英格蘭銀行的股份持有人數，惠格黨是托利黨的兩倍。這些共同股份公司董事會的選舉是政黨選舉的延伸；股份公司和政府財務之間的關係，也是政黨競爭的重要議題。[79]

在其後的一個世紀，東印度公司和政府之間的依存關係仍然持續，環繞東印度公司的政治攻防也從未稍戢。[80]十八世紀時，英國的經濟快速發展，新興工業中心要求經濟自由化的呼聲越來越高，工業家要求停止東印度公司的壟斷。一八一三年，國會討論東印度公司的授權。因為要求自由貿易的經濟力量動員成功，英國國會打破了該公司與印度及東南亞貿易的獨占權，但仍維持了其與中國貿易的獨占權。其他公司亦可自由和這些地區貿易。[81]從此英國的國際貿易逐漸走向自由貿易，東印度公司開始式微。

東印度公司的財務運作對該公司在金融市場中的地位極為重要，其財務運作受到幾個金融市場重要發展的影響。第一，資本結構從短期變成長期，以適應規模越來越大、時間越來越長的海上貿易；第二，市場對公司的營運資訊的要求，使公司開始逐漸對投資人公開資訊，投資人可藉以決定公司價值；第三，財務槓桿開始出現；第四，因為債券及股票的流動性增加，次級市場開始運作，增加了東印度公司的金融活動空間。

這些發展影響了東印度公司在倫敦的進口品拍賣制度、分配股利的決定、如何借債、如何增加股票、如何控制資訊的真實性，並將之揭露給市場等等。[82]東印度公司和政府的財務運作有很大的關聯性，首先，英國政府自光榮革命後，開始能夠擴大稅基，也就是「有國會代表就得繳稅」，然後又增加各式公債的銷售。稅收和公債要付的本利可以連結在一起，增加了投資人信心，也就增加了市場的流動性。

其次，各式公債合約都開始標準化，降低了投資的資訊成本。有了這些市場條件，英國政府為了降低公債的利息負擔，因此開始一項金融操作，也就是把投資人手上的政府公債轉成共同股份公司的股票。「債轉股」對政府的好處是，政府可以不必再付這麼多的公債利息及本金；政府有時也要求共同股份公司購買政府公債。對共同股份公司來說，這個安排等於拿到政府對公司營運的背書，對公司價值很有好處。此外，公司也可得到政府公債的資訊，也可收手續費。如果是直接購買政府公債的話，這些公債可作為貸款最好的抵押品。[83] 一七二〇年，這個買公債賺取公司股份的操作被南海公司搞砸了，造成金融風暴。但是英國並沒有退卻，而是強調增加公司資訊的透明化、加強市場的管理。[84]

到了拿破崙戰爭時，英國金融市場對國力的影響就完全顯現出來了。一八一五年維也納會議後，英國成為國際政治上無可置疑的霸權，其霸權基礎很重要的一部分，即是植基於金融市場上。

公司不能只靠政治關係存活，也不能只靠財務操作存活，一定要健全本身體質，其資產才有價值。東印度公司的組織反應出這個認知：公司最高權力是股東會，平常執行運作的機構是執行董事會，由公司的二十四個委員會的執行董事組成。這二十四個委員會都是實質部門，管理採購、運輸、貿易、倉儲、會計等等。在亞洲地區又有理事會，管理許多當地的採買組織。因為東印度公司的軍隊比英國本土的軍隊還多，採買組織不僅涉及貿易，也涉及駐軍、軍需、外交等，此一複雜龐大的組織其實是現代多功能、多部門、多國籍公司的前身。[85]

這個組織有其獎勵動機機制、內部控管，為的是要能夠控制代理人問題，也就是經理人作為股東的代理人，但可能只追求私利，未必會為股東的利益著想；在亞洲的理事會未必會為總公司利益著想，各地的買辦未必為上級公司的利益著想。[86]至於這樣的組織對代理問題的控制會多有效，則有不同的評估。有些研究顯示代理人的機會主義在公司控管下，確實降低了；[87]可是也有些學者指出，東印度公司及其他共同股份公司的組織看起來雖緊密，但因為這些公司都是政府特許的壟斷事業，公司組織其實是為了追尋最大的租金，因其缺乏市場競爭。公司的組織設計，並不能降低代理人的機會主義。[88]不論如何，公司治理的觀念及技術已於十七世紀開始發軔，健全公司是健全金融市場的一部分。

結論

從以上的討論，我們可以看出在民族國家建立時，金融制度是否強健會影響到國勢。而金融制度是否強健，又取決於兩組因素：國家整體的政治制度設計，以及市場規則及市場中公司的體質。英國因為這兩組因素的演化均有助於金融制度的健全，因此從十七世紀開始就逐漸走向國際霸權。這項研究雖然側重歷史經驗的分析，但仍有其現代意義。從布列敦森林體制「美元—黃金」固定匯率結束以來，金融危機迭有發生，每個國家處理金融危機的能力直接影響到其國勢。例如一九八〇年代末迄今的日本，因為金融體制不健全，而有失落的三十年；又例如東歐國家在脫離蘇聯掌握後，其資本市場重建的經驗，也顯示出資本市場和國勢的關係。[89] 一九九七亞洲金融危機之後，亞洲各國，尤其是南韓的經驗，也說明金融體系的良窳會影響到國勢。在當前資本全球化的影響下，健全金融體系更是成了現代國家求富再求強的重要課題。

第二章　英鎊霸權

英鎊是第一個霸權貨幣，其崛起是個漸進的過程。在它崛起的過程中，荷蘭的貨幣荷蘭盾（florin）是個國際通用的強勢貨幣。但是在一七八二、一七九〇這兩年，阿姆斯特丹銀行，也就是荷蘭當時略具雛形的中央銀行，作了個錯誤的政策決定，導致市場對荷蘭盾信心大跌，荷蘭盾終未能和崛起的英鎊競爭貨幣霸權。[1]

如前章所述，英國金融體系的發展，以一六八八年光榮革命為分水嶺。從一六八八至一七一四年之間，這個體制顯示它有能力阻止詹姆士三世的復辟。到了一七一四年雖然安妮女王過世，但是復辟已經絕無希望了。如果復辟成功，表示國會及所有相關的政治體制設計，全都要被掃地出門，[2]復辟的政府當然不會承認前朝任何債務。為了防止詹姆士二世及其兒子詹姆士三世復辟，英國在光榮革命以後開始一波金融體系的改革，[3]把金融體系、投資人及國會綁在一起，好強化以國會為中心的新政權的體質。這些改革犖犖大者包括：

一、增加共同股份公司，並使其在政府借債中扮演重要角色。其中尤以東印度公司、英格蘭銀行及南海公司為佼佼者。這三家公司因為獲利極豐，因此將投資人認購股票所得款項以低利借給政府，換取國會給予其更長的營業核可。形成了投資人、公司及政府的三贏局面。[4]

二、股票、公司債既然可以交易，而且不會被政府賴掉，自然形成了一個資本市場。在這個市場裡的交易，債權人及債務人互相不知對方是誰、也不必知道對方是誰。由於交易不受個人影響，交易成本因而下降，交易量因而可放大。[5]

三、惠格黨對英格蘭銀行頗有影響力，因此英格蘭銀行在買賣皇室土地、稅收處理之時，逐漸形成了一個清算機制。這個清算機制逐漸演進成熟，也有利於市場的運作。

英國金融體系的改革，使得政府可以用更低的利息、借更多的錢、追求更有野心的外交政策，但卻不會引起國內的通貨膨脹。例如光榮革命那年政府的支出是一百八十萬英鎊，債務則是一百萬英鎊；到了一七五〇年，政府支出成長了四倍，達七百二十萬英鎊，可是債務卻成長七十八倍，達七千八百萬英鎊，而同時間通貨膨脹卻不增反降。就債務而言，一六九三年政府的長期債為七十二萬英鎊，利息為百分之十四；可是到一七二八年，政府借了一百七十五萬英鎊，利息只要百分之四。[6]

在公司管理方面，這個金融體系使政府不易也不能管到公司本身，因此市場機制能夠發揮。[7]憑著這樣的金融體系，英國得以逐步成為霸權。其路徑和法國大不相同，它不像法國土地大、人民多、君主有權、還有個強力的官僚體系；英國憑的是它的金融體系，這個體系產生的「富」能為國家所用，而此一體系所以能發展是因為政治體制的安排。

從光榮革命一直到第一次世界大戰爆發前，歐洲的國際政治中，英國是老大，法國及其後興起的德國只能當老二，即使最會打仗的拿破崙也不能翻轉這個格局。[8]英國的金融制度帶來的「富」，造就了英國的「強」。

英鎊的黃金時期

英鎊的黃金時期和金本位制息息相關，尤其是一八七〇到一九一四年間的金本位制。在這四十多年裡，歐洲的主要國家及它們的殖民地，大多採取了金本位制。英國作為全球最大的貿易國，英鎊就占了金本位制的樞紐地位。在這段期間的金本位制之下，資金在各國自由流通，主要貨幣之間的匯率穩定，金融危機鮮少發生，國際貿易順暢，國際貿易失衡的問題很快地可以解決，各國經濟也平穩運作。比起一九六〇年代以來的各次匯率失衡、金融危機、各種貿易問題，金本位制的運作看起來強得多了。這節要討論金本位制的運作，以及英鎊在其間的地位。

英國採用金本位制，是個歷史的偶然。[9]一七一七年以前，英國和西歐的主要國家都是採用金本位與銀本位的雙軌貨幣。這有其必要，因為金子量少、價值高，用金子作大宗付款如貿易結算，比較方便。但是金子如果用在市井小生意付款找零，就使不開了，因此有必要用銀子。因為是雙軌制，金幣、銀幣之間就會有兌換比例，比例會隨金、銀的市場供需而改變。銀的產量多，尤其是西班牙在南美洲殖民地大量開採銀礦，然後把銀子輸回歐洲，大大增加了銀的供給量，銀子對金子的兌換就應該一直貶值。

但是另一方面，英國東印度公司和印度及中國有大量貿易，印度及中國對銀子有大量需求，東印度公司就以銀子作為購買印度及中國產品的貨款。西班牙人流入英國的銀子最後又流入東方，有進有出，銀子的供需在英國大致就平衡了。銀和金的兌換比例雖然還是有起伏，但是出入不會太大。

一七一七年，牛頓擔任鑄幣局局長。那時統計還不發達，他把金兌銀的比例「不小心」設定太高了，銀的價格被低估，就從英國流到其他銀價高的地方。其後，英國一直沒改變金、銀的兌換率，銀在英國越來越不通用，英國很自然地走上了金本位制。一八一六年，英國國會通過了「零錢法」（Coinage Act），規定銀子只能鑄成零錢，等於在法律上確定了金本位制。英國之所以能在這個時候確定金本位制，是因為它解決了銀子作為零錢的問題，有了可以流通的零錢，金本位才有經濟效益。

用銀子當作零錢，會有三個問題：仿製，也就是偽幣或銀幣成色不足；磨損造成每枚零錢會有不同價值；以及無法保證可以兌換成金幣。第一、二個問題是用科技解決的，蒸汽機發明人瓦特的合夥人博爾頓說服鑄幣局用蒸汽動力的機器鑄幣，讓每一枚硬幣都一樣，並增加圖案，使得仿製行不通，磨損的硬幣也可回收重鑄；第三個兌換問題則由英格蘭銀行掛保證，讓銀幣兌換金子不成問題。[10]「零錢法」在法律上確定了英國的金本位制。

在英國逐漸走向金本位制的時候，市面上流通的不僅有金幣、銀幣，還有各個銀行發行的信用工具，例如銀行本票，支票、鈔票、票券等。這些信用工具有專供某個地方流通的，例如農業區；也有專供某個行業流通的，例如製造業。這些信用工具的「信用」，則是根據各發行銀行的存款，最終靠的是銀行的承諾——銀行承諾它們發行的信用工具能和金、銀掛鉤，能兌換成金子或是銀子。有了這樣的承諾，消費者才敢使用，銀行才能賺錢。

拿破崙戰爭時，英國先是資助歐陸盟友對抗拿破崙的法國，然後自己又參戰。因此在一七九七到一八二一年這段期間，英國立法通過了金、銀不可兌換，以充實國家的戰爭財力。英國的各個銀行逮到這個機會，就開始大量發行信用工具。國家立法規定鈔券等信用工具不可兌換成金、銀，其實就等於銀行的兌換「承諾」可以暫時中止，因此造成貨幣供給額大增，通貨膨脹隨之而來。

一八二一年以後，英國國會對貨幣供給操在私人銀行的手上，非常不滿。英國國會制衡國王最大的法寶就是財政，貨幣發行又與財政高度相關，國會因此要收緊私人銀行發行貨幣的能力。國會在一八四四年通過銀行法，規定每個銀行的存款要掛到英格蘭銀行的帳上，銀行的信用工具統一由英格蘭銀行發行，政府則加強對英格蘭銀行的監管。可是英格蘭銀行那時還是私人銀行，仍有營利的目的，銀行法因此對英格蘭銀行加上許多限制，使它不能濫發信用。這個制度的重大改變，是建立現代國家的重要步驟——也就是建立中央銀行、統一貨幣、控制通貨，以加強國家的力量。[11]

其他國家加入金本位制度，比英國晚了許多。德國在一八七一年進入金本位制，因為它從普法戰爭中的輸家——法國——拿到巨額的賠款，讓它能購買足夠的黃金改革幣制，從容進入金本位制。德國進入金本位制，就想把銀子外銷給法國，因為法國當時是最大的雙本位制國家。法國已經賠了巨額款項給德國，不肯再給德國更多甜頭，因此也脫銀入金，在一八七八年進入金本位。美國在一八七九年進入金本位；奧匈帝國則是因為國勢日漸傾頹，為了加強其國際地位及國家形象，在一八九二年加入金本位；[12]日本則是為了國際借貸及貿易方便，於一八九七年加入金本位制。

每個國家進入金本位制都有各自不同的背景，但是它們有兩個共同點：第一，它們向英國看齊，因為英國那時走在現代國家最前列，其他國家發現金本位制及中央銀行的運作對國家金融力量確實有幫助；第二，英國是當時最大的貿易國，倫敦是世界上最大的貿易融資、期貨融資、各國公債發行買賣的中心。採用金本位，這些國家和英國做生意，可以減少許多交易成本。當然這些國家，尤其是法國、德國、美國，也希望在採取金本位制後，能夠從英國的資本市場分一杯羹，把生意拉到自己國家的金融中心，金本位制因此形成了當時的國際貨幣體系。以下討論這個國際貨幣體系的規則及運作。

金本位制最重要的規則，就是維持固定匯率。每個國家因為都把自己貨幣的幣值固定在黃金上，例如美國一八九〇年的金本位法，規定每一盎司的黃金值二十．六七美元。因每個貨幣對黃金的兌換率是固定的，每兩個貨幣之間的匯率也是固定的，受到國際貿易收支及資本移動的影響，貨幣就會有升值或貶值的壓力。假設一個國家有貿易赤字，匯率有貶值壓力，這個國家就該採緊縮政策，增加出口、減少進口，好維持本國貨幣對他國貨幣的匯率；相對地，有貿易盈餘的國家，理論上應該減少出口、增加進口，好讓貿易赤字國能削減其赤字。但在金本位制下，當時的政策選項完全就是由赤字國負擔全部的經濟調整成本，這些成本包括國民經濟活動下降、收入減少、生活水平變差。盈餘國不必負擔任何成本。這個原則之下，國家「重外輕內」，也就是維持固定匯率的考量，優先於國內經濟的考量。

金本位制第二個重要規則，是資本跨境完全自由化。因為資本能自由流動，最能反應市場狀況，對貿易、投資最為有利。在這條規則下，國家准許任何人，包括本國國民及外國人，都可以把金子、銀子帶到鑄幣所，按照官訂成分比例，鑄成當地的金幣或銀幣；也允許任何人可以把已鑄好的當地金幣或銀幣鎔回金子或銀子。任何人要進口或出口金、銀，都沒有任何限制。又因為各國貨幣都是掛鉤在金、銀上面，金、銀可以自由跨境，也就等於貨幣代表的資本可以自由跨境。

金本位制第三個重要規則，就是上述的自由兌換，如果遇到戰爭時，國家可以中止自由兌換；但是戰爭一結束，國家及市場都預期自由兌換又可以恢復了。

分析金本位制的運作有四個角度：價格、政策、市場心理以及霸權

從價格角度分析金本位制的運作，始祖之作為啟蒙時代的蘇格蘭哲學家暨政治經濟學家大衛．休姆（David Hume）的「貿易均衡」。[13]這篇論文中，休姆提出兩個貿易國各自有其國內黃金相對於貨品的價格，造成黃金流出國內，或是流入國內。黃金流動，貨品也流動，就會改變貿易條件，貿易收支自動回復到均衡。[14]休姆的重點是，在金本位制度下，國際收支平衡的調整是自動的、有效率的。當然休姆的模型只是一個分析工具，跟現實未必完全相合。

在現實中，信用工具出現了，信用工具形式的資本可以更快自由進出國境，因為黃金進出國境還有保險及運輸的成本；中央銀行出現了，中央銀行可以調節

利率，改變資本的價值；各國人民在不同商品上的套利（arbitrage，例如 A 國人民可以迅速把黃金移到 B 國，獲取較高利潤）的效率不一樣；各國政府也可調節預算，改變貨品供需。[15]這些新加入的因素，對調整國際收支平衡都會有影響。

從政策分析金本位的運作，可從財政政策及貨幣政策來看。在金本位制下，政府會儘量平衡預算，政府預算平衡了，中央銀行就不必購買公債，不必把貨幣、信用注入經濟體系，因此降低了通貨膨脹的風險。沒有通貨膨脹，就能維持匯率穩定。從貨幣政策來看，中央銀行看到匯率快跌到「金點」（gold points），[16]就會提高利率，或是使用公開市場操作或直接干預外匯市場，把匯率穩住。因此，休姆所講的金子會移進移出國境的狀況不太會出現了。

金本位的規則並不是一塊鐵板，中央銀行雖然以維持固定匯率為它的首要任務，但是在碰到國內經濟有需要時，中央銀行會按照需要操作。例如為了維持固定匯率需要升息，但是國內經濟不振，中央銀行卻會降息。中央銀行總是希望既維持國外平衡，也就是固定住匯率，同時能維持國內平衡，好讓經濟平穩增長。亞瑟．布魯斐德（Arthur L. Bloomfield）對一八八〇到一九一四年之間的主要國家中央銀行做了研究，他發現大多數中央銀行在大多數年份中，都採彈性作為，不是固守金本位的成規，時常逆規則而行。[17]那麼中央銀行的彈性有多大呢？其實是由上述的金點決定的。

金點在一八四〇年左右，大約是百分之二．五，到第一次大戰前夕降到百分之〇．五。中央銀行的彈性就是金點的兩倍（中心匯率上下各百分之〇．五），也就是在這個區間內，沒有人有動機把黃金運出國，或把黃金運進國內，因為加上了保險費及運費，只靠匯差，套利的人完全無利可圖。[18]

中央銀行還有另外一招用來擴大貨幣政策的彈性，就是把舊的硬幣付出去，這些硬幣因為用久了，難免有破損、消耗或是磕去一小塊，總之就是硬幣成色不足了。中央銀行只收成色足的硬幣，然後付出成色不足的硬幣，中間的黃金含量差距，便由中央銀行笑納了。中央銀行用這個「金巧門」，可以吸進很多黃金，這些多出來的黃金成為中央銀行貨幣政策的彈性。黃金多了，中央銀行就比較不必擔心黃金外流的問題。

從市場心理來看，只要各國中央銀行有足夠的兌換承諾，讓貨幣可隨時兌換成黃金，又有長久的信用，資本流動不但不會讓匯率不穩，反而會穩定匯率。

一個國家如果匯率下跌、黃金外流，外國資金就會進來，買較便宜的本地貨幣，然後等著中央銀行開放黃金兌換，就可以套利。本國資金有出、外國資金有進，匯率還是會趨向平衡。市場預見這種狀況，說不定本國資金雖有下跌壓力，但是未必會匯出，外國資金無利可套，也不會進來。

匯率在上下區間維持平穩，全看在中央銀行信用的份上。這就是為什麼金本位的規則被認為是「彈性規則」。[19]「彈性」是指中央銀行可以暫時偏離規則，例如在戰爭時期停止兌換，但總要回歸規則。這種彈性有助於金本位成為穩定的國際貨幣體系，此一市場心理讓很多邊陲國家，尤其是那些從歐洲殖民地獨立的新興國家，願意加入金本位制，因為加入金本位，代表這些新興國家會好好處理其外部匯率及內部經濟穩定的關係，能更容易從先進國家得到國家發展需要的融資。[20]

最後，我要討論英國霸權與金本位制的運作。查爾斯·金德伯格（Charles Kindleberger）認為第一次世界大戰前金本位制度所以能穩健運作，主要是英國發揮了做為霸權的功能。英國能提供這個穩定的國際貨幣制度，來自於它是國際資本的中心、英鎊是國際貨幣、其市場開放，還有國際流動性不足時，它是提供流動性的最後貸款人，[21]羅伯・吉爾平（Robert Gilpin）認為「英國創造了一整套國際規則，並且執行這套規則……負起了維護國際市場秩序的責任……推動自由貿易、提供國際投資所需的資本、還提供了英鎊作為國際貨幣。英國提供的這些公共財，是國際市場經濟最需要的東西。」[22]班傑明・柯恩（Benjamin Cohen）更進一步認為「金位其實就是英鎊本位」。[23]

那麼實際上，英國怎麼管理金本位這個國際貨幣體系呢？最重要的工具就是由英格蘭銀行調整利率，因為英國是世界金融中心，只要一調整利率，其他次要的金融中心也跟著調整利率。

在這裡，我們必須了解，當時很多國家或公司為了融資方便，都會在倫敦設立帳戶。例如英國的殖民地以及獨立後成為的新國家，都會把它們跟英國做生意的貿易盈餘存在倫敦的銀行，大大幫助英國的國際收支平衡，也減少了英格蘭銀行的後顧之憂。如果英國的國際收支還是不平衡，英格蘭銀行一升息，巴黎、柏林、紐約等次要金融中心，如果不跟進的話，資金就會往倫敦移動，以賺取較高的利息；再次一級的金融中心，例如瑞典的斯德哥爾摩、瑞士的資金就會直接往倫敦移動，不會流入次級金融中心。

由於英格蘭銀行可以影響世界的信用條件，凱因斯因而認為「英格蘭銀行可以說是世界金融交響樂團的指揮」。[24]但有些實證研究顯示，英格蘭銀行對其他主要國家其實並沒有那麼大的影響力，因此英格蘭銀行不僅不是樂團指揮，甚至連第二小提琴手都不是，它只是個打三角鐵的角色。[25]當然英格蘭銀行不會這麼不堪，貝利．艾肯格林（Barry Eichengreen）認為在某些情況下，英格蘭銀行作為領頭羊，其他國家的中央銀行作為追隨者是非常可能的，也就是「領袖──追隨者」會有個穩定的均衡點。[26]有意思的是，艾肯格林發現英格蘭銀行調節利率對其他中央銀行的影響力，不如英鎊作為他國外匯存底的影響力。[27]

英國管理金本位制國際貨幣的第二個工具，是英國的海外投資，例如英國在美洲的投資多半投注於新興國家的基礎建設上，如鐵路，電報等。這些新興國家會用英國的貸款購買英國的機器設備，幫助英國的國際收支平衡。但是當英格蘭銀行一提高利率，這些新興經濟體就會碰到資本外流，經濟會出問題。因此英國對金本位的「管理」，在幅員上不僅要看當時的先進國家，還要看新興國家。準此而言，英國的管理對先進國家或許有好處，對新興國家未必如此。[28]

英國的第三個管理工具，就是「以身做則，以理服人」。在經濟自由化上，金德伯格認為「曼徹斯特及英格蘭學派說服了英國；而英國又說服了歐洲」。[29] 如前文所說，當英格蘭銀行顯示了中央銀行的有效性，其他歐洲國家開始效尤。各國中央銀行的銀行家互通聲氣，他們有相同的訓練，說同一種語言。用現代術語來說，這些中央銀行家及其他和貨幣相關的專業人士、學者等人，形成了一個「知識社群」。在這個社群中，英格蘭銀行自然能夠發揮影響力。當然，也有人認為英格蘭銀行在「管理」金本位時，並不是這麼高明、這麼無私，維那就認為英格蘭銀行「既沒創新精神，也沒想像力……它只想維護英鎊和黃金的兌換率，它讓各國在貨幣上自掃門前雪……就金本位制度而言，英格蘭銀行實在稱不上『管理』一詞。」[30]

從以上分析，我們可以知道：

一、金本位作為國際貨幣制度，有其規則，但這些規則不是鐵板一塊。這些規則的彈性讓各國能在顧及固定匯率之餘，也能多少照顧到國內經濟的各個利益。

二、英國作為霸權，對金本位制度的管理不像霸權穩定理論說的那麼斬釘截鐵。金本位制度的維護管理，不是定於英國一尊，而是靠各國共同管理。這些國家願意共同支持金本位，是因為它符合國家利益。英國作為當時最強的國家，在海權、貿易、金融扮演的是領頭羊的角色，不是牧羊犬的角色，其霸權其實並沒那麼霸道不講理。[31]

三、各國能夠執行金本位的規則，是因為各國政府能擺平各國內部的利益團體，例如勞工、農民、資本家。[32]換言之，金本位是「鑲嵌」於各國國內政治經濟之內。英國在逐漸成為霸權的過程中，就不斷地在地主、農民、工業、金融業之間尋求平衡，[33]其他大國也是一樣。當國內不能平衡了，金本位制度及英鎊也就式微了。這是下一節的故事。

一八七〇到第一次世界大戰開始之前，是金本位制的全盛時期。金本位制下各主要國家貨幣穩定，資本及貨物可以自由流動，造成了第一次經濟全球化。英國在這次全球化中居於樞紐地位，它掌握全球絕大部分的海上運輸，這當然和英國造船業及世界第一的英國海軍相關。英國的公司掌握了海底電纜，這是當時的先進科技。海底電纜可以及時連結國際貿易上的買家及賣家，大幅降低國際貿易的成本。

國際貿易需要融資，英國在世界上首屈一指的銀行、股市、債市，提供了貿易的融資管道。國際貿易最擔心價格波動，英國又有各個交易所，讓貿易雙方可以買賣衍生性商品，藉以避險。穀物是當時國際貿易的重要項目，也最容易有大幅的價格波動，「波羅的海交易所」（Baltic Exchange）提供了大宗穀物的避險交易。一直到現在，這個交易所依然地位重要。海運怕意外，英國的勞埃德（Lloyd's）公司提供了保險及再保險的金融服務。換言之，金本位、英鎊、海運、國際通訊、貿易金融服務等資本及貿易全球化的基礎建設，都掌握在英國手上。

那麼英國的樞紐位置，在國際政治中給了它什麼優勢呢？第一項優勢當然就是國富兵強。一八七〇年代開始，英國在製造業上已被美國超前，德國也迅速追趕，保羅．甘迺迪（Paul Kennedy）認為這是英國霸權衰退最重要的指標。[34]但是英國掌握著全球經濟的基礎建設，才是其國力強盛的地方。這和前面所提英國在拿破崙戰爭中，金融優勢是英國軍力的基礎，是同一個道理。[35]

第二項優勢是英國可以貸款給他國，或是讓他國在倫敦的債券市場上市以籌措資金。因為英國自由放任的經濟原則，貸款或上市通常由私部門決定，政府很少干涉。在歐陸的貸款承作上，英國很少介入。歐陸的戰略性貸款，法、德兩國是主要的貸方，俄羅斯則是主要的借方。[36]在近東，即現在的中東，因為英國與俄羅斯在號稱「大棋局」的地緣政治上角逐，[37]英國政府便鼓勵英國的銀行對土耳其、波斯（現在的伊朗）貸款。在遠東，英國銀行對日本及中國貸款，也有重要的戰略考量。[38]當然，英國給出去的貸款未必能達到英國的外交目的，這裡的重點是英國有「錢」，錢可以作為外交的重要手段。

英國的樞紐位置給了它第三項優勢——英國可以操作這個位置，達到它的外交目的。說得更清楚一點，在第一次世界大戰戰前，英國海軍部就擬定計畫，一旦發生戰爭，要把它在海運、通訊及貿易融資上的效率降低，以打擊其他歐陸強權的生計，使這些強權的戰爭機器失靈。當然英國也會跟著倒楣，但是傷人一千，已傷八百，戰爭講究的是相對力量，英國就有機會勝利。這個計畫在第一次世界大戰的前幾個月確實付諸實施，但是中立國家，尤其是美國，及國內相關的產業部門反對聲浪極大，英國只好取消了這個計畫。這裡的重點不是這個計畫的失敗，重點是英國海軍部想出的這個計畫，擴大了戰爭的範圍；戰爭不僅只在戰場上打擊對手，也要在商場上、社會上打擊對手。[39]而只有占據樞紐位置的國家才可以有這種選擇，這就是國際政治上的優勢。當美元成為霸權貨幣後，美國把這個優勢發揮得淋漓盡致。我在下兩章會申述。

兩次世界大戰之間的二十年：金本位及英鎊的衰落

第一次世界大戰是英國霸權迅速衰退的轉捩點，在此之前，英國的國力在不同面向上，雖已逐漸被美國及德國開始追上；但在工業產品的輸出、全球貿易份額、對外投資及全球金融市場上，仍執牛耳。第一次世界大戰重擊了金本位制度及英鎊；兩次世界大戰之間的二十年，金本位制欲振乏力。在這個欲振乏力的過程中，各國開始了解合作的重要性，成為後來布列敦森林體制的基礎。這一節說明金本位制從一九一八年開始的二十年掙扎。

戰爭期間，許多國家暫停了金本位制，以集中資源，應付戰爭開銷。這些國家開始執行赤字預算、啟動各種金融及貿易的管制，停止黃金兌換，要求人民交出手中的金幣。一九一八年十一月停戰後，很多戰時管制解除，加上戰時壓抑的需求回彈，經濟迅速成長；跟著迅速成長而來的，則是大幅的通貨膨脹。通貨膨脹之後，各國收緊銀根，兩年時間內，各國經濟開始衰退。一直到一九三八年，經濟不穩定成了歐洲及美國的常態。

戰後的二十年，各主要國家的經濟成長率，從高峰到谷底的平均值達百分之十三．一；如果不包括美國，數值是百分之十一．一；戰前四十多年的金本位時期，數值只有百分之三．五。這種經濟起伏比起邊陲一點的國家，如加拿大、澳洲、日本，好不到那裡去。[40] 起伏的犖犖大者包括了德國威瑪共和一九二三年的超級通膨、一九二九年美國華爾街的暴漲暴跌、一九二九到一九三三年的世界經濟大蕭條、一九三七到一九三八年的經濟衰退。

外匯市場也非常不穩定。當時最重要的兩個貨幣是美元及英鎊，它們的兌換率最能顯示外匯市場的波動。一九一六年以來，英鎊兌美元的匯率都是維持一英鎊兌四．七六美元。但是英國的通貨膨脹、加上赤字預算、再加上戰後美國成為全世界最大的債權國，英鎊兌美元的匯率，顯然是過度高估了英鎊。這個固定匯率使得英國外匯存底大量流失。

一九一九年三月英國放棄對美元的固定匯率。到了一九二〇年二月，英鎊跌到了平衡點，為一英鎊兌三．二美元。一九二五年，英國用戰前的兌換率重回金本位制，英鎊兌美元因此升至四．八六七美元。一九三一年九月，英國不堪外匯存底流失，退出金本位，英鎊對美元跌至一比三．六九；美國在一九三三年也退出了金本位。一九三四年，一英鎊升至五美元，並維持四年，到了一九三八年因第二次世界大戰戰雲密佈，對美元又開始貶值。這二十年外匯市場的波動，顯示英國失去其對全球貨幣市場的控制，比起以前的風光，真是差得太多了。

在第一次世界大戰逐漸走進尾聲時，英國召集康立夫（Cunliffe）委員會，研究戰後貨幣及國際匯兌應如何安排。此委員會在一九一八年八月發表了期中報告，報告開宗明義就說「委員會一致主張戰後應回歸古典金本位制度，減少政府債務及未來借貸，並累積足夠的外存匯底以支持金本位」。這份報告接著詳細分析了一八二〇年以來金本位制度的運作、戰爭對金本位的影響，並列出政策選項以克服這些影響，很有自信地認為金本位制度可以繼續下去。

為了戰後重建，一九二二年四月，英國、美國、法國召開日內瓦會議。美國並沒有派正式代表團參加，因為美國那時不承認蘇聯，更不想跟蘇聯平起平坐；美國也不願意參加任何國際場合，以免戰債問題又被拿出來討論。在戰債問題上，歐洲盟國希望美國免除戰債，美國則是鐵板一塊，主張欠債就要還錢。美國最後由紐約聯準會的行長班傑明·史莊（Benjamin Strong）以私人身份出席。而法國只要這個會議不討論德國戰爭賠償的問題，其餘都好說話。在當時，德國戰爭賠償金額已經確定了，但是賠償金額完全超過德國的負擔能力，因此頗有爭議。但是法國就是要把德國的戰爭機器榨乾抹淨。在這個背景下，英國樂於主導，其主導的方向就是康立夫委員會提出的建議——以原來的兌換黃金的匯率，重回金本位。

當時各國的想法是戰後重建要成功，歐洲國家一定要能恢復生產，恢復自由貿易；要做到這一步，就得先要有穩定的國際貨幣制度。要有穩定的國際貨幣制度，金本位是最好的制度，因為在金本位下，各國都有承諾要把各國貨幣固定在黃金上，各國貨幣的雙邊兌換率因此也是固定的。日內瓦會議最後提出的建議案，把古典金本位制度做了些修正：希望貨幣已因通貨膨脹大幅貶值的國家，能把匯率穩定下來；希望各國不要有競爭性的貶值；各國不要搶購、累積黃金，讓各國都可以有黃金作為準備，可以發行足夠的貨幣以振興經濟，又不致使貨幣貶值；希望各國把黃金做最經濟的利用，也就是希望各國的外匯存底要少些黃金，多些其他國家的貨幣。

一九二五年四月，英國財政大臣邱吉爾決定恢復英鎊對美元匯率的戰前水準，重回金本位制。英國登高一呼，其他許多國家紛紛加入。但凱因斯對邱吉爾的決定頗有保留，他認為戰前匯率過度高估了英鎊價值，不僅對英國出口不利，造成國際收支不平衡，更會造成英國國內通貨緊縮、失業大增，經濟將疲弱無力。[41]當然英鎊被高估也有好處，可以讓英國在其屬地的花費更有購買力，倫敦對外資也更有吸引力，外資會更願意把錢存成英鎊，把帳戶開在倫敦。後面的發展證明凱因斯是對的。英國重回金本位後的失業率高達百分之二十，經濟大幅衰退。[42]

一九二九年從美國的股市暴跌開始，而後擴散成世界的經濟大蕭條，英國經濟狀況變得更糟糕。一九三一年夏，奧地利最大的銀行垮掉，很快就波及到德國的金融，奧、德兩國先後退出金本位；到了九月，英國也宣告退出金本位；次年美國也退出了金本位。法國也想退出金本位，但擔心法郎貶值太多的話，會引起美國、英國的報復，各自把美元、英鎊更進一步貶值。法國因此和美國，英國磋商三國貨幣的匯率，以合作取代競爭性貶值，國際金融狀況因此較為穩定。[43]雖然這時黃金還是在國際金融中有其地位，但金本位已不是國際貨幣制度了；英鎊也不是最具決定性的貨幣，這個地位已讓給美元。英國不再獨享國際金融的發言權，美國、法國也有了相當的發言權。

在兩次世界大戰之間的二十年，儘管英國很努力地要恢復金本位制，別的國家也很希望英國成功，金本位制還是欲振乏力。為何如此？這有三個結構性的原因。之所以說結構性的原因，是因為戰爭改變了以前金本位制度的結構，使得兩次世界大戰之間的金本位制，或者又稱「黃金/英鎊」制，名至實不歸。各國的運作也就無法依戰前的方式依樣畫葫蘆了。

第一個結構性的因素，在於英國已不是戰前的英國，它仍是重要國家，但是老本已被戰爭耗去大半。戰後，美國成為全世界最大的債權國家、最大的資本輸出國、最大的黃金持有國。很多欠美國錢的國家，用黃金還債；私人資本也流入美國投資。紐約成為世界另一個金融中心，足可和倫敦平起平坐。另外一個重要金融中心——巴黎——的地位也變得重要，因為法國持有的黃金及英鎊外匯僅次於美國。[44]美國不是英國，英國在古典金本位制度時，開放國內市場，提倡自由貿易，讓各國國際貿易收支可以自然平衡；美國的國內市場則受到很高的保護，因此英國無法靠美國市場，改進自己戰後的國際貿易赤字收支。黃金及外匯進入美國後，美國就沖銷干預貨幣市場，控制美元的價值，不讓美元過度升值，他國的進口貨無法在幣值上占到便宜。此外，美國的聯邦準備理事會一九一三年才成立，採取的是聯邦制，在全國幾個區域都設有準備理事會，總部則在華盛頓。紐約是國際金融中心，設在紐約的準備理事會，對國際金融事務比較敏感，也比較了解英國的作為；但其他地區的準備理事會則要照顧地區的經濟發展。總部的所在地華盛頓有總統，有國會，他們都要注意民意，因此聯邦準備理事會的總部，處在一個重視國內政治的政策環境中。

此外，美國的聯邦準備理事會成立時間還短，對中央銀行運作並不成熟。例如，經濟大蕭條開始後，不願提供融資，作為美國及世界的最終貸放人，加深了世界經濟頹勢。英格蘭銀行很難指望美國聯邦準備理事會，會在國際貨幣及金融上和英國配合。面對美國，英國只有靠協調，不協調就一事無成。[45]

第二個結構性的改變是地緣政治。從大戰結束到世界經濟大蕭條，西方各主要工業國家都在摸索國際政治的路要怎麼走下去。德國是戰敗國，被戰債壓得透不過氣來；法國活在恐懼中，生怕德國再起；俄羅斯已經是蘇聯了，它搞經濟自主，不和他國往來。國際政治上，俄羅斯想輸出它的共產主義意識形態，頗受他國忌憚，因此他國也不承認這個新生的舊國家。戰後英國的國力重傷，它的海軍也失去了以往的戰力，只能比下，不能比上。唯一配稱強國的，只剩美國。可是美國戰後的孤立主義，讓它只想內捲，不想向外。美國在一九二八年通過的斯慕脫—霍利（Smoot-Hawley）關稅法是美國貿易保護的巔峰，美國一點都不想開放其最具購買力的國內市場，更不想提供世界的流動性。世界經濟大蕭條，美國繼續它的貿易保護主義，毫無放鬆之意。換言之，美國不願做任何英國在十九世紀在國際政治、國際經濟上做的事情。用經濟史學家金德伯格的話來說，就是「英國無力，美國無心」。[46]

這種國際格局下，各國紛紛退出金本位。它們控制資本流動；將本國貨幣惡性貶值以擴大出口、減少進口；並且建立高關稅，保護本國市場。各自顧著地盤的結果，美國有了美元區塊，只和拉丁美洲國家來往；英國有英鎊區塊，只和其殖民地及前殖民地國家來往；法國有法郎區塊，只和其殖民地及地中海國家來往；德國有馬克區塊，只和東歐國家來往；日本在東方準備它的大東亞經濟共榮圈，把中國作為它的勢力範圍；蘇聯，如前所述，自成一格。沒有國家提供公共財，各國只看重私有財。在這樣的國際環境下，金本位是無法存活的。

第三個結構性的改變，是各主要國家的國內政治。歐洲主要國家在十九世紀後期到二十世紀初期，就開始擴大投票權。先是男性投票權擴大，然後又逐漸降低性別、年齡、財產、教育程度的限制。大戰加速了這個趨勢，因為戰爭需要總體動員、需要全民犧牲，這時各個受投票歧視的團體可以理直氣壯地要求擴大投票權——憑什麼我也為戰爭做了犧牲，卻不能投票?因此戰後，婦女、勞工、窮人、教育程度差的人都在投票權上翻身了。當然每個國家開放投票權的速度不一樣，但總體趨勢就是擴大投票權。

投票權擴大代表政治參與的擴大，工會開始組織起來，也大幅參與產業經營；中間偏左的社會民主黨及工黨黨員增加了，國會席次也增加了，最後終於有機會組成政府。這時理性的市場會觀察政府是否還會維持對金本位的承諾。在金本位之下，如果一國有貿易逆差就得增加出口、減少進口，才能維持幣值，把黃金留在國內；也就是要老百姓縮緊褲帶，共體時艱。可是老百姓現在是選民了，沒人喜歡縮緊褲帶，政府只好採取貶值貨幣或是採取貿易保護，以確保生活水準。換言之，國內考量超過了國際考量。貶值或貿易保護，使得別國以牙還牙。

擴大的政治參與和動盪的國際經濟令各國政治更不穩定，例如戰後的各國內閣平均壽命普遍低於它們戰前的平均壽命。政治不穩讓理性市場看在眼裡，更增加了資本外流的機率。換句話說，金本位失去了它的國內政治基礎。[47]

結論

英鎊霸權和金本位息息相關，英鎊霸權的政治基礎是英國的民主政體。這個霸權的操作是由英格蘭銀行、金本位制度，以及其他跟隨英國範例的國家共同完成的。因為英鎊是重要的國際貨幣，使英國國本雄厚，養得起當時最強的海軍，可以掌握全球的海洋咽喉要地。英國也掌握了全球金融樞紐，在金本位之下，全球都得看英國的利率水準、都得靠它提供的貿易融資、海運、國際通訊、保險等等。英鎊霸權成就了英國霸權；第一次世界大戰使得金本位無以為繼，英鎊霸權就跟著式微了。

第三章　霸權的轉移

霸權轉移[1]給我們一個印象，就是兩個強權此起彼落，互用手段，競爭到底。這個競爭有時以和平告終，但多半以戰爭收場。[2]兩強相爭是零和遊戲，是在國際政治中的叢林法則——沒中央政府維持和平、人各為己——下進行的。但是從英鎊到美元的霸權轉移卻不是這樣，美國和英國在貨幣上有競爭，但也有合作。英鎊和美元不是零和關係，從英鎊霸權過渡到美元霸權是在布列敦森林體制下進行的。這一章有三條故事線：布列敦森林體制的國際貨幣體系、英鎊霸權的退休、以及美元成為貨幣霸權的歷程。

布列敦森林體制的國際貨幣體系

一九四四年七月一日到二十二日，四十四個國家的七百三十個代表聚在華盛頓旅館參與了一個會議。這個旅館位於美國新罕布什爾州的布列敦森林(Bretton Woods)，會議的正式名稱是「聯合國貨幣及金融會議」（United Nations Monetary and Financial Conference）。會議通過了美、英兩國就戰後國際經濟安排提出的藍圖，包括建立貨幣匯率機制、成立國際貨幣基金會（International Monetary Foundation）、國際重建及發展銀行（International Bank of Reconstruction and Development, 這是世界銀行集團中專門負責提供貸款的銀行）。藍圖中本來還有國際貿易組織（International Trade Organization），但是後來美國國會沒通過，而胎死腹中。一九四七年，二十三個國家在瑞士日內瓦成立了關稅貿易總協定（General Agreement on Tariffs and trade），是國際貿易組織的縮小版。這一大套機制稱為布列敦森林體制。

因為本章的重點是貨幣霸權的轉移，我只討論美英兩國如何設計布列敦森林體制國際貨幣體系。這段歷史很重要，有三個原因：首先，布列敦森林體制下的國際貨幣制度直接影響到英鎊及美元的霸權轉移；其次，美、英兩國在為戰後國際經濟安排討價還價時，它們關心的議題，例如貿易失衡、國內調適問題、國際資本流動問題，到現在還是各國政府關心的問題；第三，布列敦森林體制的匯率機制雖然在一九七一年告終，但是其他機制仍然繼續運作，這些機制代表的多邊主義仍是解決國際經濟問題最重要的模式。

兩次世界大戰之間的二十年，主要國家必須面對兩個重要課題。第一，每個國家一定要照顧好國內的充分就業及經濟穩定，但須避免通貨膨脹。國內經濟如果沒顧好，就會影響到社會及政治穩定。第二，有國際貿易、國際金融，就會有國際收支平衡的問題。有的國家出超、有的國家入超，就會有匯率問題、也會有資本流動帶來的問題。這些問題都得解決，國際經濟才能平穩運作。國內、國際這兩個議題相互牽扯。

戰前的金本位制度只顧國際金融，不顧各國國內經濟；也就是將國際貿易、國際金融帶來的經濟調適問題，由各國自掃門前雪。戰前各國的政治結構也偏向資本，背向勞工。戰爭改變了各國的政治結構，多數國家開始先顧內再顧外，亦即國內經濟發展重於國際經濟的穩定。這樣一來，國際經濟持續動盪。經濟大國美、英、法、德為了自保，開始搞貨幣區塊。區塊之間，貿易保護壁壘高築、資本控制越來越緊、主要貨幣競相貶值；國內經濟也開始從衰退到蕭條。

當時的國家不是不想共同解決國際經濟課題，但是如前章所述，美國有力，但是無心負起霸權的責任；英國則是有心無力。現存的國際機制既無心又無力，因此國際經濟問題始終無解。一些局部的解決機制，例如上章所舉的各個會議或國際清算銀行，或是一九三三年在倫敦召開的大規模國際經濟會議，都無法解決問題。[3]這也就間接導致了第二次世界大戰。

美國從這二十年學到了四個教訓。第一，不論從國內政治結構或社會思潮來看，顧好國內經濟對一個政府越來越重要。搞定好國際金融不是只為了紐約的銀行家；搞定好國際金融是為了要處理好國內經濟。羅斯福在一九四一年一月發表的國情咨文，提出了著名的「四大自由」，其中第三項自由「不虞匱乏的自由」，最能顯示美國對「國內經濟」確實念茲在茲。[4]這個教訓在戰後國際經濟秩序的安排上極為重要。國際經濟及金融的任何制度安排，想要過關，一定要顧到國內經濟。[5]

第二個教訓是「金本位＋外匯儲備」的國際貨幣制度，也就是英鎊霸權下的制度，有經濟調適、流動不足以及市場信心波動的問題。經濟調適問題是指負債國要承擔改進國際收支的經濟成本，例如採取緊縮政策、降低就業，以改善貿易逆差。順差國有了順差，增加了黃金或外匯儲備，卻並不採取擴張性政策以吸收逆差國的出口，反而採取沖銷政策，以降低因為外匯存底增加帶來的通貨膨脹風險。美國和法國就是這種順差國的代表，結果是順者越順、逆者越逆，國際經濟越來越難平衡。

流動不足是指國際黃金供應不足，一些較邊陲的國家，例如大英國協的國家或前殖民地，就增加英鎊存底作為貨幣發行的基礎，以增加經濟成長。但是邊陲國家一旦覺得英國的黃金儲量不足以兌換邊陲國持有的英鎊，邊陲國就會擠兌英國的黃金，造成匯率波動、影響經濟成長。另外就是信心問題，當紐約崛起成為新的金融中心，市場對倫敦信心不足，資產便移向紐約。倫敦的金融出了狀況，其他金融中心也會跟著出狀況。

第三個教訓，是浮動匯率會造成貨幣競貶，造成短期資本快速流動，形成金融投機，國際經濟及國內經濟都受害。

第四個教訓，是雙邊主義只會讓國際經濟更加萎縮。雙邊主義的內容主要是貿易互惠及金融互惠。貿易互惠其實就是歧視第三方；金融互惠即是對第三方實施金融管制。

帶著這些教訓，[6]美國和英國從一九四一年夏天開始討論如何安排戰後的國際經濟及金融秩序，稱為布列敦森林談判。[7]美國那時遠遠是世界首強，碰到事情它可以說了算，何必要拉著英國談判？這有兩個原因。

首先，因為前面所述的第四個教訓，美國決心在戰後要採多邊主義，它的策略是先和英國談好，再交給其他國家簽署認帳，到時一起執行國際貿易及金融的安排。

其次，當時重要國家，友邦大國要不是法國，但是法國只剩流亡在英國的戴高樂政府；要不是中國，但中國正在對日戰爭，自顧不暇；要不就是蘇聯，但蘇聯對資本主義國際秩序大有戒心。只有英國領土還沒被入侵，可以繼續奮戰。其他的經濟大國，如德國、日本及義大利都還是敵國。

一九四一年夏，美國和英國討論「租借法」，也就是美國國會在年初通過如何援助盟國的法律。該法的第七條要求接受美國租借法援助的國家，不一定要還錢，但一定要回饋給美國一些「好處」，可是沒說明究竟是什麼「好處」。美國希望的好處是英國取消「帝國優惠制度」（Imperial Preference System），這個優惠制度是英國在一九三二年渥太華會議產生的貿易小圈圈，以藉此度過國際經濟蕭條。英國則希望美國降低關稅，多吸收外國產品，以解決國際貿易長期失衡的問題。美、英雙方的希望都很為難對方，雙方因此發現要在雙邊結構下談戰後國際貿易安排，多半會不歡而散，於是決定改從戰後國際金融安排著手。

一九四一年八月十四日，羅斯福及邱吉爾簽署了大西洋憲章。憲章列舉了八項原則，其中第四、五、六項原則和戰後國際經濟安排相關，這個定調給了布列敦森林談判動力。美國在一九三三年根本不出席倫敦召開的國際經濟會議；但是經過十年教訓，卻對布列敦森林體制談判非常積極，對英國也沒有唯我獨尊，一切都可商量。這種轉變，和美國學到的教訓大有關係。[8]另一方面，英國也沒有因為它是美國積極拉攏的對象而拿翹，因為它被「租借法案」第七條卡住了脖子。還有，英國認為美國戰後復員一定會帶來經濟衰退，國際經濟一定流動不足。英國自己在戰後也一定會累積大量國債，他國一定會要求兌換持有的英鎊資產，因此英國需要向美國貸款。美國願意貸多少，還在未定之天。美英雙方因此在談判上交鋒，但不會搞到破局。

布列敦森林談判還有另一個助力：美國和英國的經濟學者及經濟政策專家可以互通，他們有共同語言，也就是英文以及經濟學語言。美國的首席談判代表是財政部次長懷特（Harry Dexter White），參與談判的經濟學家都是當時的重要學者，如前文提到的賈克伯．維那。英國更直接，由凱因斯擔任首席談判代表，其他經濟學家則有萊諾．羅賓斯（Lionel Robbins）等重要卡司。這些經濟學者專家，不論在廟堂或民間，談判邏輯相通，可以各自代表政府提出合理的談判對策，因此談判一直進行。[9]

在國際金融上，美國的懷特提出國際穩定基金（Stabilization Fund）的構想，凱因斯則提出成立國際清算聯盟（International Clearing Union）。這兩個計畫希望能解決國際金融流動性的問題、貿易失衡帶來的國內調適問題，以及戰後立刻要面臨的各國重建資金問題。這兩個計畫在雙方國內都有強烈反對。在設計上，美國認為美國出資金給這個嶄新的國際金融組織是有必要，但不能給太多，各國最好能多分攤些。美國也希望這個組織多多少少能管到各國國內經濟一些措施，免得各國又採取限制性金融手段，走回兩次世界大戰之間二十年的老路。英國則擔心它會失去對國內經濟的自主權，因此反對新設的國際金融組織介入各國國內經濟事務。英國又希望如果英國國內採取擴張性政策，不免影響對外收支平衡，因此希望會員國能無條件獲得這個新組織的融資，當然這個組織的資金越多越好。美、英兩國提出的新國際金融組織設計藍圖，大相逕庭。幾經折衝，雙方在一九四三年九月取得突破，[10]這個新金融組織最後定名為「國際貨幣基金」。

我們如果仔細看基金的協議條文，裡面有很多地方存心模糊，因為不如此，美、英兩國無法達成共識，也無法克服國內的反對。協議條文第四條規定各國貨幣盯住美元，美元再盯住黃金，匯率為三十五美元兌一盎司黃金（Sec.1(a)）。第四條其他各款也規定了各國貨幣如果要改變對美元的匯率，應該有些什麼樣的條件及程序。英鎊和美元接著就在布列敦森林體制下演化。

英鎊退休

第二次世界大戰一結束，英鎊的問題就撲面而來，其問題在於「海外英鎊」的數量遠超過英國的外匯存底——主要是黃金和美元。海外英鎊對英國外匯存底的比例，大約是六比一。如果海外英鎊要兌換成美元、再兌換黃金，英國就要破產了。再加上二次世界大戰結束時，世界外匯存底的總量大約有百分之八十是英鎊。[11]倫敦金融區的保險、航運、原物料買賣、銀行及投資仍是國際貿易重要的基礎結構，世界貿易有百分之五十仍以英鎊支付。如果英鎊出了大問題，剛建構的布列敦森林體制就會跟著出大問題，世界經濟又要回到兩次世界大戰之間的原點。可是不論是市場或各國的中央銀行都知道，未來是美元的天下，英鎊有極大的貶值壓力。

這麼多的海外英鎊怎麼來的呢？上節提到英國在一九三二年建立了「帝國

優惠制度」。為了戰爭需要，英國又在這個制度的基礎上，於戰時加強了它和「英鎊地區」之間的貿易管制及資本控制。英鎊地區包括了大英帝國、大英國協、前殖民地獨立的國家及現有的殖民地，但是不包括加拿大。[12]戰後，英鎊地區持有百分之六十五英國的外債；英鎊地區成員國的中央銀行或是殖民地的貨幣發行局把各自貨幣和英鎊掛鉤，也就是和英鎊維持固定匯率，它們和英格蘭銀行共同對第三方維持資本管制。英鎊地區也把它們國家的大部分外匯存底及黃金，以及英國欠的戰債，都存在倫敦。

地區的國際貿易內外有別，地區和英國的貿易，以及地區經濟體之間的貿易，都比地區與第三方的貿易享有更多優惠。英鎊地區的成員在倫敦的資本市場也享有優惠，這對英鎊地區成員有很大的吸引力。因為戰後復興需要大量資本，國際重建及發展銀行剛剛成立，沒什麼錢。英鎊地區成員能在倫敦募到私人資本，對恢復經濟非常重要。英國也加強對英鎊地區的投資；另一方面，英國也威脅成員不得出走。因為成員一出走，就可把英鎊換成美元，再換成黃金，英鎊就要崩盤了。英國的威脅包括取消出走成員與英國貿易及金融交易的好處，也讓出走成員喪失得自其他成員國的好處。另外還有一些大大小小的制裁手段，用來提高英鎊地區成員出走的成本。[13]

美國對英鎊地區一直頗不以為然。於布列敦森林談判時，美國要求英國在戰後要放棄英鎊地區的對外歧視作為，但是英國不讓步，一九四四年布列敦森林協議因此並沒有對英鎊地區做出任何限制。一九四六年，美國要求英國同意開放英鎊地區，尤其是印度，持有的英鎊可以兌換成美元，英國如果不同意，就無法獲得美國的低利貸款。[14]英國同意了這個條件，因為沒這筆貸款，英國經濟無法撐下去。

一九四七年八月，英國依約開放對美元的匯兌，英鎊急劇下跌。英格蘭銀行為了維持布列森林體制規定的英鎊兌美元價位，只好拉抬英鎊。不到六個星期，英格蘭銀行面臨破產，只好重新恢復資本控制，不再開放兌換。美國也知道主要貨幣的匯兌，不管是經常帳的匯兌，或是資本帳的匯兌，不是當時國際經濟能承受的。雖然英鎊地區的作為違反了布列敦森林體制的原則，美國對英國只有睜一隻眼、閉一隻眼了。

美國當然還另有地緣政治的考量。那時冷戰剛起，英國還是美國在歐洲最重要的盟邦。英鎊地區除了澳洲、紐西蘭、愛爾蘭、冰島，其餘成員都是低度開發的經濟體。這些經濟體有些人口稠密又據戰略地位，例如印度/巴基斯坦、埃及，如果倒向蘇聯，對美國領導的自由世界大大不利。英鎊地區可以籠絡住這些成員；此外美國也視英鎊為經濟上的第一道防線，如果這條防線潰敗，其他西歐國家的復興也難保。因此一九四八年在馬歇爾計畫下，美國分配給英國三十三億美元，英國不需償還。

英鎊地區就此成了英國的責任。從一九四七到一九七二年——這一年布列敦森林體制的固定匯率制度完全崩塌，英國為了維持英鎊的國際地位，搞得非常辛苦。英國有兩個做法。第一是不斷向外貸款，確保自己的黃金及美元的外匯存底不致過低，以免引起市場及英鎊地區成員的恐慌。除了先前一九四六美國提供的貸款、一九四八年馬歇爾計畫下的贈與、新的貸款，還有一九五六年蘇伊士運河危機後、英國向國際貨幣基金及美國申請的十八億美元信用額度，作為緊急之需。

一九六一年，英鎊和美元同時是市場作空的對象，英國在世界清算銀行的主導下，從美國及歐洲國家的中央銀行獲得九億美元的支助。一九六一到一九六八年，英國又六次獲得雙邊或多邊的信用額度，合計七十億美元。[15]英鎊所以獲得他國中央銀行及國際金融機構的支持，是因為大家都擔心如果英鎊垮了，國際金融動盪，對大家都不利。

英國的第二個做法，就是和英鎊地區成員簽訂雙邊英鎊協議，確定成員國如果要兌換英鎊的話，必須有秩序的兌換。[16]要是擠兌的話，不僅英國金融大亂、世界金融秩序也會大亂。到了一九六八年，很多原來的成員經濟體都已成為獨立國家，因此對自己的外匯存底有更大的自主權。一九六八年的英鎊協議確定每個成員的外匯，最少要有一定比例是放在英鎊上，例如香港的外匯存底有百分之九十九在英鎊上、紐西蘭百分之七十、澳洲百分之四十，印度最低，為百分之十三。[17]成員國的中央銀行或貨幣發行局每個月會把其外匯存底組合報給英格蘭銀行，以確定這些英鎊協議可以執行。

成員國願意這麼做也是為了自利。如果有某個成員國搶先出脫英鎊，其他成員國一定跟進，這時還沒出脫掉的英鎊就要大幅貶值了。和英國簽訂雙邊英鎊協議，等於由英國協調市場退出秩序，沒有成員國可以搶先，大家可以減少損失。

即使有這兩個做法，英國還是無法減緩英鎊沒落的趨勢。一九四九年九月，英鎊從四・〇三美元貶到二・八〇美元，貶幅百分之三十・五；一九六七年十一月，英鎊又從二・八〇美元貶到二・四〇美元，貶幅百分之十四・三。這些貶幅，再加上英國的通貨膨脹，讓海外英鎊持有人或中央銀行損失很大。英鎊貶值壓力一直存在。在布列敦森林體制下，英鎊的固定匯率使得英國要一直拉抬英鎊對美元的匯率，得時時面對外匯存底驟降的風險。

這裡還有一個嚴重的附帶損害——英國的經濟。英國只要一振興經濟，不管是降息增加貨幣供給，或是因為經濟好、進口增加，貿易逆差擴大，英鎊就面臨貶值壓力。為了維持外匯存底，英國只好犧牲對國內經濟管理的自主權，經濟不好，也不敢降息。比起戰後經濟發展快速的其他國家，尤其是德、日、法三國，英國經濟成了病夫。越是病夫，市場及各國中央銀行對英鎊越沒信心，英鎊面臨貶值壓力越大。一九七一年十二月，為了挽救布列敦森林固定匯率制度，華府召開斯密松尼（Smithsonian）會議，會議放寬了各國貨幣掛鉤美元的匯率幅度。好些英鎊地區的成員國覺得與其盯緊英鎊、再由英鎊盯緊美元，貨幣浮動更大，還不如把它們的貨幣直接盯緊美元，準備離開英鎊地區。一九七二年六月，英鎊開始對美元浮動，英鎊地區也就無聲無息地結束了。到這個時候，英鎊只占了世界外匯儲備總量不到百分之十，英鎊做為霸權貨幣的日子走到了盡頭。

英國在布列敦森林談判時，早就認識了英鎊未來的處境。為什麼英國不肯短痛，卻選擇了長痛？這有三個解釋。

一是社會學的解釋：大英帝國的榮耀仍在想像之中，遲未退去。英鎊的國際地位是大英帝國榮耀最重要的象徵，因此英鎊必須長存。

二是經濟學的解釋：以海外英鎊之多，英國想要短痛，必須要有一大筆貸款把這些海外英鎊贖回來，也就是只要有英鎊地區的成員或是市場及他國央行，想要把英鎊兌換成美元，英國就要讓它們以平價兌換，即布列敦森林體制的固定匯率兌換。英國可能永遠還不完這麼大的貸款，與其如此，英國還不如讓英鎊苟延殘喘，把英鎊退休的成本分攤到英鎊持有者的身上。前述

一九四九、一九六七年兩次貶值，再加上通貨膨脹，這些都由英鎊債務國或市場英鎊持有人吸收了。如果用短痛的貸款把英鎊從國際經濟中退下來，英國就得負擔退休金的成本。[18]

三是國際政治學的解釋：當歐洲大陸國家在一九五八開始多邊兌換時，各貨幣還是盯緊美元，但這些貨幣也可以相互兌換，英國卻不大熱心。英鎊地區許多殖民地在戰後二十年間紛紛獨立，有了更多自主權。但是英國為了維持對這些新興國家的影響力，在外交、外援、駐軍、投資上多方籠絡，無論是中東、非洲、南亞、東亞都是如此。英國長痛的國際政治做法，消耗了更多的經濟實力。[19]英國的貨幣應該和它的國際政治實力相稱，才有可能維繫。

美元接棒

一九四五到一九五八年，美國提供了全世界的流動性，也就是讓別國收進美元作為外匯存底。二次世界大戰結束時，美國占世界國民生產總額的一半，美國擁有全世界最多的黃金。各國戰後民生凋蔽，貨幣不值錢，因此都需要美元用以從事貿易、建設。布列敦森林體制的匯兌制度——各國幣值以固定匯率盯住美元，每三十五美元兌一盎司黃金，反映的就是這個美元在戰後獨大的狀況。要提供美元及美國的黃金作為國際經濟的流動性，美國就必須把美元「送」到國外，讓外國使用，世界經濟才能復興，美國也才能在經濟面擋住冷戰中蘇聯的壓力。

美國的第一個做法是用外貿逆差，准許西歐國家及日本對美國貨物歧視，讓外國賺取美元。美國也讓這些國家對美國採資本控制，不讓美元迴流到美國。第二個做法則是藉由像「馬歇爾計畫」這樣的外援，直接把美元送到外國手上。第三個做法則是在國外駐軍，尤其是在歐洲駐軍。駐軍的開支，包括軍人薪餉、軍眷補貼、當地後勤採買、當地僱員、行政支出等等，一概用美元支出。

美元為國際經濟提供了流動性，這個流動性還必須越來越多，要不然國際經濟無法持續成長。這是因為各國都先顧國內經濟，一旦國際收支失衡，也不敢收縮國內經濟以降低逆差。布列敦森林體制規定各國貨幣必須採取固定匯率，各國就無法用貨幣貶值、增加出口，來解決國際收支失衡。這時要度過國際收支失衡，只好靠更多的流動性，也就是要想辦法儘量獲得外援、外國投資、貸款等。國際貨幣基金才剛成立，沒什麼資金，無法支應貿易失衡的國家。只有美國能提供流動性。

美國提供國際經濟的流動性越多，表示美國就必須有更大的國際收支赤字。各國持有的美元越多，對美元的信心就會降低，以致會把持有的美元換成黃金，避免貶值。[20]當世界經流凋蔽、美元就算不足，美元作為世界經濟的流動性不成問題；但是當各國經濟復甦，美元過剩，就大成問題了。一九五八年，西歐國家的貨幣開始可以互相以固定匯率兌換，美元過剩的問題開始浮上檯面。

艾森豪政府的後兩年，到甘迺迪、詹森、尼克森政府，美元過剩帶來的美元貶值壓力，是美國政府最頭痛的問題。美國持有的黃金被外國央行用所持有的美元兌換掉。艾森豪視美元外流、黃金外流是美國面臨最重大的問題，他在離任前和甘迺迪的交接深談，主題就是美元過剩。

理論上，要解決美元過剩只有三個辦法。第一個辦法是降低美國的國際收支赤字，要降低國際收支赤字，就得增加外銷。但是這緩不濟急，因為西歐國家的生產力已經開始追上美國。如果要西歐國家降低對美國貨的貿易限制，則需要長期談判。當然美國也可以收縮國內經濟，降低進口需求，但是美國不可能犧牲國內經濟來挽救國際收支失衡。美國也不願控制資本不准它們到海外投資，[21]也不能以貿易保護降低進口。因此第一個辦法行不通。

第二個辦法是裁撤國外駐軍。裁撤駐在歐洲的美軍，尤其是駐在西德的六個師，對美國的國際收支大有好處，因為到一九六〇年代中期，美國的國際收支赤字，大概就是美國駐軍的花費。但裁撤駐歐美軍卻直接影響到美國冷戰時期的核子戰略。美國評估，歐洲自己應有傳統部隊，美國則提供核子保護傘。可是蘇聯如果用傳統部隊政擊西德，西德多半不敵，西德這時會問美國願意冒紐約挨核子彈的風險來維護西柏林嗎？美國如果不願意，西德何必抵抗蘇聯呢？美國為了維持信用，就一定得駐軍西德，作為引爆線，以嚇阻蘇聯。美國要真是從西德撤軍，說不定還給蘇聯一個放棄西歐的信號，反而鼓勵蘇聯動兵。美國在西德駐軍還有另一個作用，就是讓別的西歐國家可以放心德國不會又向外擴張，把歐洲政治又推向戰爭。美國曾經想過要和西德分享核子武器，但是又怕德國在東歐、西歐搞兩手策略，那時更尾大不掉。美國最保險的做法還是積極籠絡老戰友英國，但是這又引起法國戴高樂的不快。

戴高樂老早就認為英國是美國放在北約的特洛伊木馬，好讓美國能完全支配北大西洋公約組織。戴高樂一直希望北約是西歐的北約，因此法國要拉緊西德才能主導北約。西德也因為法國有核子武器、又是歐洲第二大經濟體，和法國綁一掛，在國際政治才不會被美蘇兩大國吃定。

艾森豪認為當初美軍駐在西德，完全是權宜措施，西德現在經濟復甦，沒有理由不自行負擔防衛。更何況如果西德不願意為自己而戰，美國何必為人流血？美國這個想法一直持續到冷戰結束，也就是把國際收支平衡和冷戰的大戰略掛在一起，使得撤軍困難重重。[22]當然，西歐國家對美國濫發美元，尤其是美國從甘迺迪開始升高越戰、詹森又實行「大社會」福利計畫，也非常反感。它們認為美國根本就是印美元搞自己的外交及內政，然後又要盟國買單，用政治壓力要求盟國不得把美元兌換黃金。這就是尼克森的財政部長約翰．康納利（John Connally）所說的，「美元是我們的，問題是你們的」（"The dollar is our currency, but it' s your problem."）；也難怪法國的財政部長季斯卡（Giscard d'Estaing）說美元是美國的「囂張特權」。季斯卡後來成了法國總統，這個詞更廣為流傳，一直沿用到現在。[23]

第三個辦法則是讓美元對黃金浮動。這等於放棄布列敦森林體制的固定匯率國際貨幣體系。這麼激烈的做法，從艾森豪一直到詹森都上不了政策檯面。從一九五八到一九六八年，美國最多只是微調各國貨幣對美元的匯率，三十五美元兌一盎司黃金始終是鐵板一塊，從未鬆動。

尼克森上任總統，他的行政部門有共識，就是固定匯率的國際貨幣體系基本上是沒救了。尼克森政府採取「一路往前混」（muddle through）的政策。[24]等到混不下去了，尼克森就在一九七一年八月十五日宣布美國即日起「暫停」美元兌換黃金。

從艾森豪政府的最後兩年，到尼克森宣布美元不再以固定匯率兌換黃金，美國政府對維持布列敦森林體系的固定匯率看來一籌莫展。很多人也認為一九七一年八月十五日這個時間點，也是美國國勢衰退的開始，但實際未必如此。美元霸權跟著國內外金融環境轉變，也一起轉變；固定匯率告終，美元霸權就開始以新型態存在。這個新型態就是公、私部門契合，把美國金融全球化、全球金融美國化。美元這時擺脫了黃金的束縛，真正成為全世界最重要的貨幣。我簡要說明這個過程。

首先，如前所述，過多的境外美元對美國政府造成很大的壓力。但這些境外美元在歐洲流通，形成了歐洲美元市場。這個市場不受到任何政府的監管，因此美元利率可以自由化。另一方面，美國的銀行仍受到一九三〇年代新政時期制定的諸多管制，例如聯準會規定了存款利率上限，以避免銀行過度競爭。因為存款利率如果沒上限，銀行就可提高利率爭取存款；存款多了才可多多放款，增加利潤。存款利率有上限，銀行只需管它的資產（放款）組合，不必管理它的負債（存款）組合。可是到了一九五〇年代末，存款利率越來越壓不住。這是因為存款利率太低，存款戶尤其是大公司，會把存款移出銀行，去買利率更高的短期債券。存款流失，銀行無法再坐享放款及存款之間的利差。銀行開始注意它的負債組合，也就是如何找回存款。

美國的銀行發現歐洲美元市場利率很自由，因此就從歐洲買美元，匯回國內。美國的銀行也用新科技創新金融產品將金融產品證券化，買賣方便，更可吸引市場參與者購買各種證券。美國的銀行功能不再以資金轉介為主，而是以參與市場金融活動為主。逐漸地，其他非銀行實體，例如共同基金、保險公司、票券公司、退休基金等，也進入資本市場，從事金融活動。[25]

其次，美國從布列敦森林談判一開始，就採多邊主義。布列敦森林體系把先進國家全都框進美國為首的國際經濟體系，國際貿易上有關貿總協；國際援助上有國際貨幣基金及世界銀行；美元是國際金融上最通行的貨幣。戰後美國大量的對外投資，更把美國企業的行事作風，例如管理技術、會計準則、供應鏈開發維持等，帶到其他國家。這些國家在經濟復甦後，也開始投資到美國。因此美國的國際企業進軍他國，他國的國際企業進軍美國，這些國際企業相互學習，有類似的商業作為，用類似的商業語言。

國際金融市場也反應出這種趨勢，美國的銀行及其他非銀行金融公司進入歐洲美元市場，也進入西歐各國的金融市場；同樣的，西歐國家的金融公司也進入美國的金融市場。國際化的金融市場雖然不能說以美國馬首是瞻，但是美國政府及金融市場確實動見觀瞻。要在國際金融市場混，市場參與者不能不注意美國財政部或聯準會，或是證管會的談話或政策。這個國際化的金融市場，不僅有廣度，也有深度。這個深度來自美國的一般老百姓對現代金融的參與，比起其他國家的老百姓來得多。例如美國老百姓會把部分退休金存入退休金基金，這些基金都是金融市場的大戶。[26]換言之，美國在國際金融上的權力，是由政府、企業及老百姓形成一個共同結構，一起影響國際金融，這是「股利的勝利」。[27]

當然，美國金融國際化、國際金融美國化，降低了美國政府的監管能力。美國金融公司從歐洲美元市場借貸，把錢匯進美國，會影響聯準會的貨幣供給政策。金融業層出不窮的創新產品，使金融監管單位很難應付。可是金融業又要求政府監管部門要管好通貨膨脹，要管好金融產品，要不然金融動盪，對金融業有害無利。這樣的矛盾削弱了政府的監管能力，但另一方面，政府監管範圍也越來越大，隨著金融創新產生了新的監管能力。美元霸權的弱點與強項相剋相生，[28]但霸權不墜，這就是美元在國際金融中結構性的力量。[29]

舉個有名的例子，二〇〇八年全球金融危機起因於美國房地產的次級房貸。美國的金融業將這些次級房貸打包重組，成為創新產品，出售給金融市場參與者。結果因為很多美國人開始還不起房貸，房地產泡沫破裂，這些產品爆雷，把全球化的金融市場拖下水。照理說，金融危機起於美國，美元應該下跌，結果美元反而逆勢上揚。這是因為貨幣市場認為美國還是最能處理這個危機的國家，美元仍是避險首選。此一金融危機讓歐洲國家及中國非常感冒，我在下面會述及。

再次，美元霸權也包括了國際貨幣基金及世界銀行。這兩個機構從創始到一九五〇年代末，並沒太大作用，這是因為資金不足，美國又偏好直接貸款或是贈予給國際收支失衡的國家。但從一九六〇年代，美國開始重用這兩個機構，因為美國不希望被扣上單邊主義的帽子。這兩個機構的組成、地理位置、功能都深受美國影響，例如國際貨幣基金的投票權重是按當初各國捐款額度而定。依據最新資料，[30]美國現有百分之十六．五的投票權重，而中國作為世界第二大經濟體，只有百分之六．〇八的權重。國際貨幣基金的重大決定需要百分之八十五的權重，表示美國在國際貨幣基金的重要決定有否決權。國際貨幣基金的執行理事都由理事會共識決定，美國當然對理事會有很大的影響力。[31]

從一九七〇年代開始，多次國際金融危機都由國際貨幣基金出面解決，國際貨幣基金背後的影舞者是美國政府的金融監管機構、紐約的金融業、經濟先進國家及它們的金融業。這些國家的大銀行在紐約都有分行，和國際貨幣基金溝通協調十分方便。圖 3-1 是國際貨幣基金及世界銀行的位置，由此可看出美國對這兩個機構的影響力。

從一九七一年美國退出布列敦森林體制的固定匯率制度，到一九七七年，各國都在適應新的浮動匯率制度，情況也還不錯。一九七三年，因為以阿戰爭，阿拉伯產油國實施石油禁運。石油及其他大宗原物料都是以美元報價交易，原物料此時也和石油一起大漲。產油國賺了大量美元外匯，就將油元存到國際大銀行，再由這些大銀行貸給開發中國家，開發中國家得以繼續發展經濟。這個油元循環讓大銀行更能發揮，

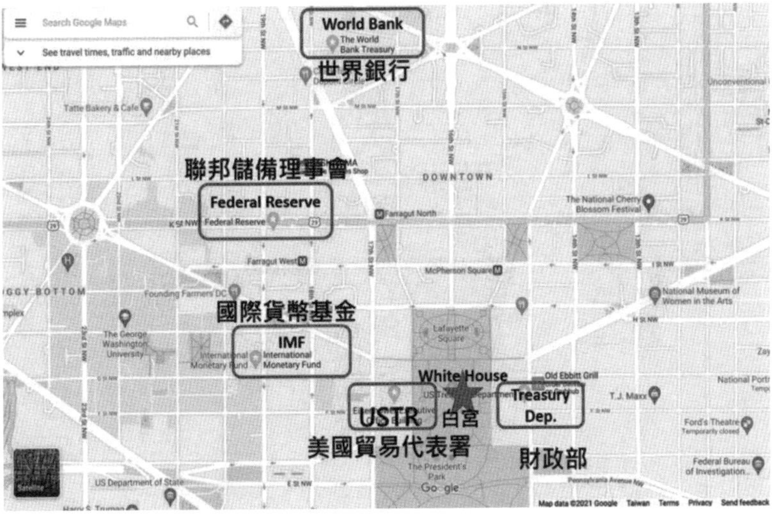

圖 3-1. 國際貨幣基金及世界銀行的地理位置

美元在國際金融市場更是重要。

但是從一九七七年開始，美元對其他主要貨幣的匯率開始一路下跌。儘管卡特政府做出因應措施，出超大國如日本及德國也伸出援手，仍無法阻止美元頹勢。這個美元危機主要因為市場對美國的通貨膨脹率失去了信心，美國不能控制通貨膨脹，美元當然當然越來越下跌。通貨膨脹已成為預期心理，一九七八年十月，美元已下跌到了已成危機的程度。[32]

一九七九年八月，卡特總統提名保羅．沃克（Paul Volcker）出任聯準會主席。他認為要祛除通貨膨脹的預期心理就要升利率，不管利率會升到多高，美國經濟會多麼衰退。美國的通貨膨脹率在一九八〇年三月，升到巔峰的百分之十四．八；一九八一年六月，聯準會把聯邦基本利率升到巔峰的百分之二〇；銀行的基本放款利率在一九八一年達到百分之二一．二。一九八一至一九八二年，美國經濟因此大幅衰退。一九八二年，失業率達百分之十．八，但通貨膨脹率降到了百分之三．八。沃克讓國際金融市場知道美國在制度上有能力遏制通貨膨脹，恢復了對美元的信心。美國的能力不僅只是聯準會升息的能力，還有國家能應付社會對經濟衰退的反彈，例如雷根總統瓦解了航管員的罷工。這也間接摧毀了工會在美國政治中的影響力，美國工會會員從此一路下跌。

美元穩定下來，國際市場的參與者，不論是國家、公司、基金、或個人，就願意在次級市場上買賣美國政府發行的公債。這等於美國可以藉發行公債，將國際金融資源作為己用。美國不需要累積太多的黃金或是他國的貨幣，它自己發行的公債就是它的外匯存底。根據二〇二二年六月的資料，美國的外匯存底是世界第十三名，中國是世界最大的外匯存底持有國。美國的外匯存底只占中國外匯存底的百分之七．二；台灣有世界第六大外匯存底，但美國的外匯存底只有台灣外匯存底的百分之四十三。這就是美元霸權。[33]

結論

兩次世界大戰之間的二十年，國際經濟及金融動盪，間接導致第二次世界大戰。美國為了避免重蹈覆轍，和英國一起設計布列敦森林體制。這個體制下的國際貨幣制度是固定匯率，匯率的中心點是美元及黃金。英鎊在固定匯率制度下，逐漸從霸權位置上退休；美元雖站上了霸權位置，但是也因為發行過多，引起市場的信心危機。尼克森政府不得不於一九七一年宣佈退出固定匯率體制，但這並不代表美元霸權的結束。美元在一九七〇年代，因為兩次石油危機及通貨膨脹，看起來欲振乏力。但在危機中，美國金融市場的廣度及深度都增加了，美國金融國際化，國際金融也越來越美國化。同時美國政府也展現了治理美國金融市場的能力，再加上國際貨幣基金及世界銀行都是美國的助力，美元於是擺脫黃金，成為世界首屈一指的貨幣。

第四章　掌握世界金融咽喉的美元

如前章所述，一九七一年八月十五日，尼克森政府宣佈美元與黃金脫鉤，布列敦森林國際貨幣體系解體。許多人認為這是美元霸權衰落的起點，美國再也不能用美元搭便車，要別的國家替美國的政府開支買單，尤其是西德和日本。我們把歷史鏡頭快轉到二〇〇八年國際金融危機，這個源起美國次貸泡沫化的金融危機，差點葬送掉整個國際經濟體系，照理說應該迎頭重擊美元，但是國際資本卻流向美元資產，以求避險。迄今，美元仍是國際的頂尖貨幣。本章首先說明美元的頂尖地位；接著說明美國在過去的二十年怎麼武器化美元，把美元作為國際政治裡主要的制裁手段；然後討論美元武器化衍生出的問題；最後是結論。

美元的頂尖地位

貨幣有三個最重要的功能：交易媒介、計價單位、儲值。在分析層次上又可分為市場及政府兩個層次，兩個層次上各有三個功能，我們因此可以得到表4-1的結果。[1]在第一項裡，個人或公司要作外匯交易或是從事貿易，都需要用到國際貨幣付款，也就是賣家願意接受的貨幣付款。第二項，貿易的貨物需要用貨幣作為計價單位，例如石油總是以美元計價、台灣的進出口貨物也以美元計價。第三項，個人或公司在市場上投資，投資的結果就是儲值。第四項，政府要干預市場，不論是外匯市場或是商品市場，都需用到貨幣。第五項，每一國的貨幣都要用其他國際貨幣作為基準，決定其價值。例如台灣銀行的網站上，列了新台幣對其他十三種貨幣的牌告匯率。第六項，一個國家在外國貨幣上的儲值就是它的外匯存底。

分析層次	交易媒介	計價基準單位	儲值
市場（個人、公司等）	1. 外匯交易；貿易結算	2. 貿易計價基準	3. 投資
國家政府	4. 干預市場	5. 匯率基準	6. 外匯存底

表 4-1. 國際貨幣的功能

以下說明美元在各項功能的頂尖地位。

第一項功能（外匯交易、貿易結算）：圖 4-1 顯示主要貨幣占外匯交易的比例。這裡要注意的是 Y 軸的百分比其實是百分之二百。因為外匯交易的兩方是兩種貨幣，交易重複計算，因此分母是百分之二百。二〇二二年最新的調查顯示，外匯交易最少有一方是美元的，占了二百分之八十八。美元交易量獨占世界貨幣交易市場鰲頭，是歐元的三倍；日元、英鎊、瑞士法郎依次差得更遠了。其他所有外匯交易的貨幣，其中比較重要的是加元、澳元、人民幣，全部加起來大概是美元的一半。中國是世界第二大經濟體，但外匯交易最少有一方是人民幣的，只占了全球交易量的二百分之七。

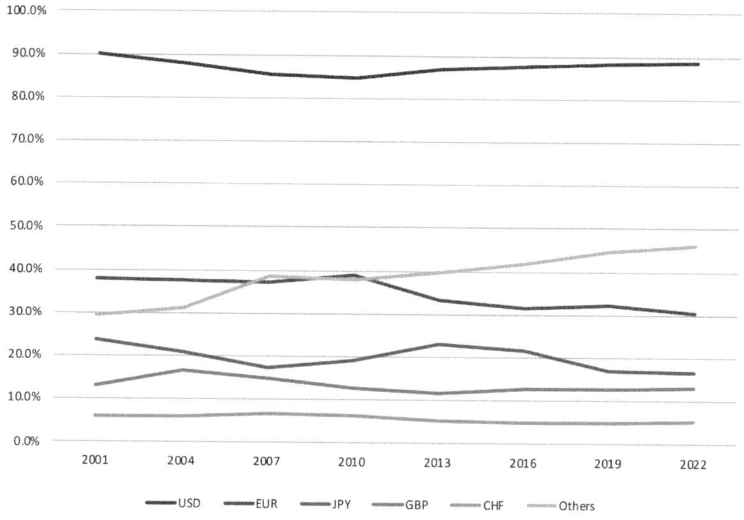

圖 4-1. 外匯交易幣別，2001-2022

資料來源：Bank of International Settlements, "Turnover of OTC Foreign Exchange Instruments, by Currency," Triennial Surveys, https://stats.bis.org/statx/srs/table/d11.3.

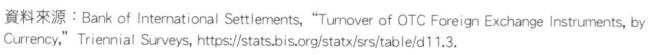

圖 4-2 顯示貿易結算使用的貨幣。由於這方面的全球性資料非常難以統計，因此長年從缺。二〇一九年，國際貨幣基金會一篇論文中的資料，讓我們知道美元在貿易結算功能上的實力。我們知道歐元是僅次於美元的強大貨幣。圖 4-2 左半部顯示一九九九到二〇一九年，美國占世界出口貿易份額的平均值不到百分之十，但美元卻占世界出口貿易結算的百分之四十。歐元地區占世界出口貿易的份額遠超過美國，達百分之三十六。歐元占世界出口貿易結算的百分之四十五左右，僅略為超過美國。圖 4-2 的右半部顯示跟左半部相同的資訊，只是把美元的貿易清算分成兩部分——非大宗商品貿易及大宗商品貿易。

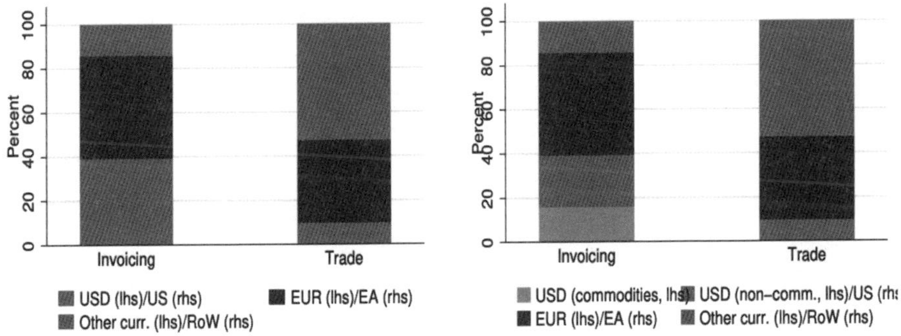

圖 4-2. 貿易結算貨幣與全球貿易的比例

資料來源：Boz, Emine, et.al., " Patterns in Invoicing Currency in Global Trade," IMF Working Paper, WP/20/126, July 2020, p.15.

圖 4-3 顯示歐盟與歐盟以外地區貿易結算所使用的貨幣。歐盟進口方面（左幅），以歐元結算者為百分之三十八・二，以美元結算者則為百分之四十八・一。歐盟的出口有百分之四十七・五是以歐元結算，卻仍有百分之二十九・四以美元結算。歐盟二十七個國家中，有十二個國家使用美元超過歐元。歐盟在二〇二〇年為世界第二大經濟體，是美國百分之七十五左右。以歐盟這麼強大的經濟體，對美元也有龐大的需求。

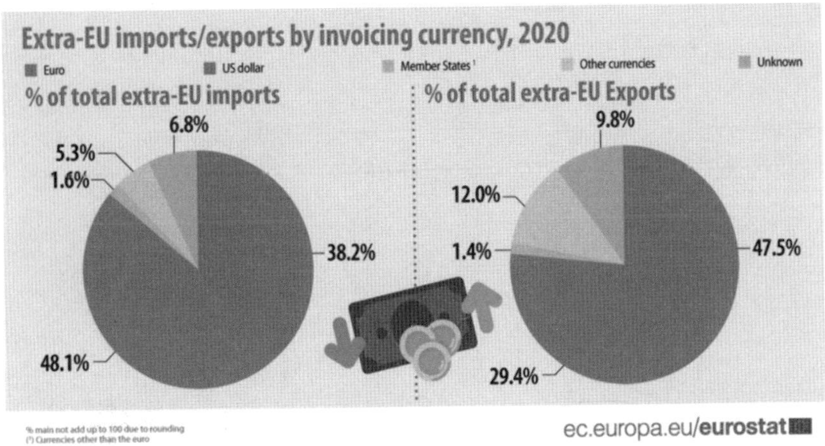

圖 4-3. 2020 歐盟與其他地區的貿易，以貿易結算貨幣分類

資料來源：Eurostat.https://ec.europa.eu/eurostat/web/products-eurostat-news/-/ddn-20210630-1 1 月 /9 日 /2022 上網取得。

第二項功能（貿易計價基準）：這是個質化的指標。國際貿易的貨品總要以某個貨幣作為計價基準。在這方面，美元一枝獨秀，例如大宗貨品通常可分為農產品、能源、稀有金屬及工業用金屬，這些貨品都是以美元作為計價基準。工業產品如半導體，也是以美元作為計價基準。國人熟悉的費城半導體指數(SOX)，自然也只有美元計價。

第三項功能（投資）：這裡有兩個指標，一是圖 4-4，國際銀行市場跨境交易中各主要貨幣的份額，一是圖 4-5 國際債券市場交易中各主要貨幣的份額，這兩個指標都有國際清算銀行長期收集的資料。兩張圖都顯示，美元是最常用到的投資貨幣。

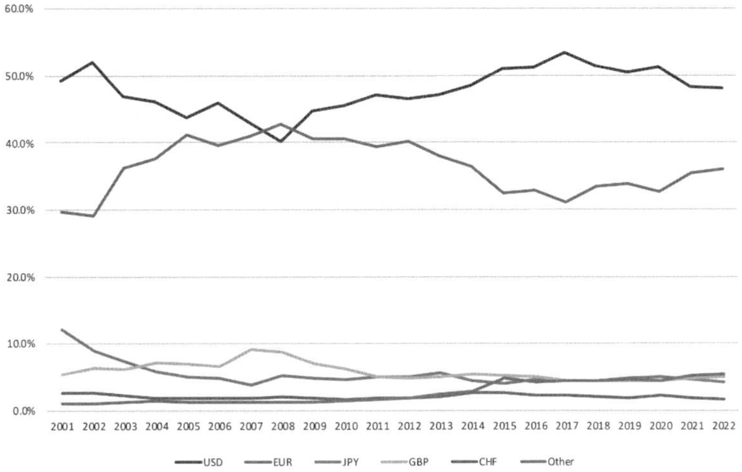

圖 4-4. 主要貨幣份額：國際銀行跨境交易市場，
Q1 2001—Q1 2022

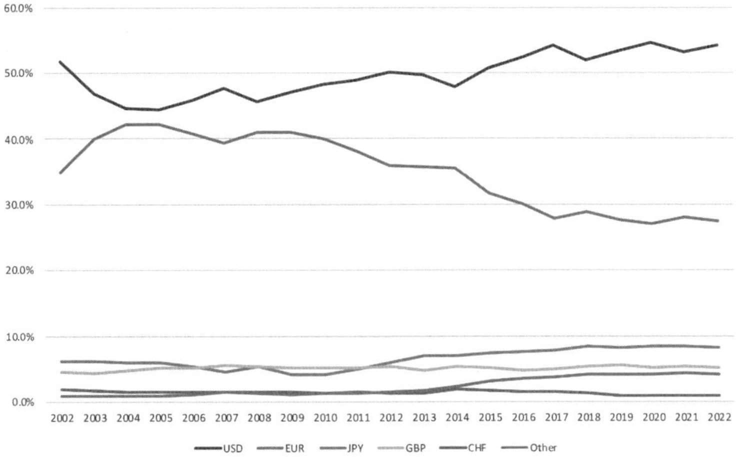

圖 4-5. 主要貨幣份額：國際債券市場，
Q1 2001—Q1 2022

資料來源：Bank of International Settlements, "Summary of locational banking statistics by currency, instrument, residence and sector of counterparty." https://knoema.com/BISSLSCIRSC2016/summary-of-locational-banking-statistics-by-currency-instrument-residence-and-sector-of-counterparty.

Bank of International Settlements, "Summary of locational banking statistics by currency, instrument, residence and sector of counterparty." https://knoema.com/BISSLSCIRSC2016/summary-of-locational-banking-statistics-by-currency-instrument-residence-and-sector-of-counterparty

第四項功能（政府干預）：政府干預外匯市場，從干預時機到用以干預的幣別，到干預的數量、干預的方法，都是最高機密，因此沒有任何資料。許多國家碰到金融危機時，國際貨幣基金提供的緊急貸款多半都是美元。我們大概可以猜測，接受緊急貸款的國家，主要還是用美元干預市場，因為在波動時刻，市場應該還是最相信美元，只接受美元。

第五項功能（匯率基準）：這也是個質化的指標，視各國政策而定，沒有確切的資料。例如中國是台灣最大的貿易夥伴，但是新台幣主要還是「盯」住美元。其他中、日、韓等國家，也經常被美國認為有操縱匯率之嫌，可見都是以美元作為該國貨幣的匯率基準。

第六項功能（外匯存底）：圖 4-6 是國際貨幣基金的統計。美元占全球外匯存底的最大宗，約百分之六十。第二名是歐元，占百分之二十。其他主要貨幣更瞠乎其後了。

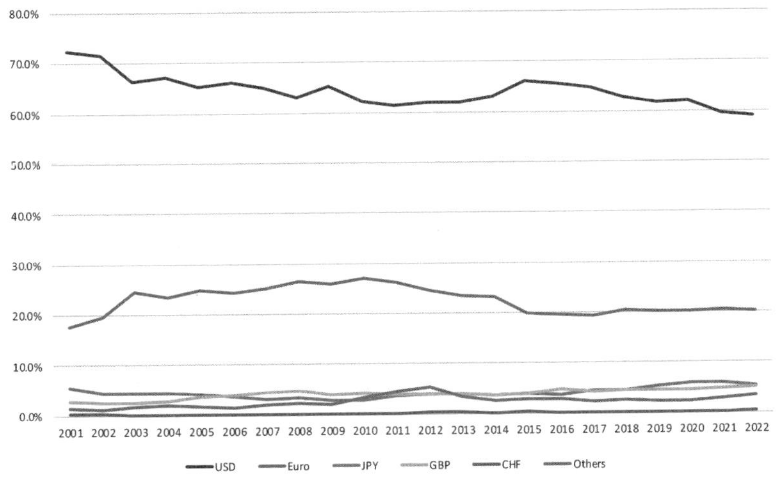

圖 4-6. 世界外匯存底幣別，
Q1 2001—Q1 2022

資料來源：IMF, "World Currency Composition of Official Foreign Exchange Reserves."

從國際貨幣的六項功能來看，美元確是國際上最通用的貨幣。為何如此？首先，美國是世界最大的經濟體，而且這個經濟體很能控制通貨膨脹，例如第三章中提到保羅．沃克任聯準會主席時樹立的典範。美國的金融市場、股市、債市、大宗貨物期貨交易市場等，既廣且深，表示投資隨時有人接手，可以立即變現。其次，美國是世界最強大的國家，投資安全無虞。

二〇二〇年的最新統計，美國在八十個國家（合計約七百五十個基地）有駐軍。[2]世界上幾乎每個地區都和美國有深刻關係，有錢的先進國家幾乎都是美國的主要盟邦。扈從關係增加了這些國家使用美元的動機。最後，在國內政治上，美國政治穩定，法治基礎深刻，對財產權的保護完整，這些都增加了美元的吸引力。當美元使用越廣，就會吸引更多人、更多國家使用美元，形成群聚效應。[3]

武器化的美元

本節主要討論二〇〇一年九一一事件後美國怎麼武器化美元，用美元作為制裁的工具。美國財政部在其「二〇二一制裁檢討報告」中，開門見山就說「制裁靠的就是美國金融體系及美元的強大，以及市場對它們的信任」。[4]美元武器化是指美國如果讓他國很難取得美元，會對其他國家形成很大的衝擊。這是因為美元使用這麼普遍，沒了美元，貿易、投資、政府干預、外匯存底都會出問題。如果說這些被美國制裁的國家不用美元，改用歐元呢？問題在於，很多貿易貨品的賣方都要求買方用美元付款，買方只好用歐元換取美元付款。美國又進一步堵住這個漏洞，稱為二級制裁，我稍後會進一步說明。被制裁國家恐怕連歐元都換不到，造成成本激增，甚至無法進行貿易。

在九一一事件之前，美國就已經武器化美元了，只是不像九一一事件之後，用得這麼頻繁、這麼縝密。我舉兩個先前的例子，說明美元武器化其來有自。一九五六年七月二十六日，埃及把蘇伊士運河收歸國有，英法兩國在四個月後出兵進攻埃及。美國一直主張和平解決爭議，但是英、法不為所動；英、法還有史以來第一次在聯合國安理會和美國唱反調，否決美國的提議。十一月五日，美國聯準會紐約分行在外匯市場上大量賣出英鎊，也不讓英國申請國際貨幣基金的緊急紓困貸款。在布列敦森林體制下，英國要把英鎊拉抬到平準，唯一之道就是動用其外匯存底買進英鎊，英國的外匯存底因此直線下降。十一月六日下午五點，英國同意停火，法國只好跟進，危機解決。[5]

一九八七年六月，巴拿馬政局不穩，最後演變成軍事強人曼紐·諾瑞加（Manuel Noriega）迫使總統下台。一九八八年二月四日，美國佛羅里達州邁阿密的聯邦大陪審團認定諾瑞加販毒及洗錢罪成立。三月二日，美國凍結了巴拿馬在美國銀行所有的資產，禁止與巴拿馬有任何美元交易。危機一開始，國際投資人已從巴拿馬的銀行提走四百億美元。美國的美元制裁迫使巴拿馬所有銀行關門，巴拿馬政府再也沒法用美元付給政府公務員薪資。

巴拿馬雖然號稱有自己的貨幣，但實際上使用美元。一九八八年全年，巴拿馬的國內生產總值跌了百分之十七·八。一九八九年諾瑞加憑藉武力仍然維持其權力，美國因此在一九八九年十二月中旬入侵巴拿馬，一個月內幾乎沒有流血地就捉拿到了諾瑞加，送回邁阿密審判。這裡看起來美元制裁好像失敗了，[6]沒能立刻傾覆諾瑞加的政權。其實這是一個美元制裁成功的例子，因為如果沒有美元制裁，美國的軍事行動成本不可能這麼低。

九一一事件之後，美元的武器化是從一九九〇年代的國際制裁經驗演進來的。一九九〇年代被稱為「制裁的十年」。[7]從一九四五到一九九〇，聯合國只執行了兩項制裁；一九九〇年代，聯合國執行了十二項制裁，制裁對象包括伊拉克、南斯拉夫、海地、利比亞、蘇丹、阿富汗、柬埔寨、安哥拉、獅子山、利比瑞亞、盧安達及索馬利亞，另外還有四十餘項制裁是由美國及歐盟執行的。其中對伊拉克的制裁因為範圍最廣，時間又長，最受到檢討。

簡而言之，對伊拉克的全面制裁並沒有改變伊拉克的行為，反而產生了三個嚴重的問題：第一，制裁反而加強了伊拉克海珊政權的統治能力，因為海珊把稀少的物資轉給政權的支持者，使支持者更有動機支持海珊的獨裁政權；這造成了第二個問題——伊拉克的弱勢團體主要是婦女及小孩，他們受到最大的傷害，演變成重大的人道危機；第三，因為物資減少，使得走私猖獗。伊拉克官員、周邊國家的官員、黑道、恐怖組織、其至還有聯合國監督官員，一起勾結謀取暴利，造成貪污橫行。因為美國堅持全面制裁伊拉克，於是背負了最重的國際指責。

一九九〇年代後期，美國及歐洲的學術界及外交界開始研究「精靈制裁」（好比精靈炸彈），希望在制裁時只會打擊到標靶國的精英份子，儘量減少無辜傷亡。精靈制裁包括了金融制裁、中止國際援助、凍結資產、禁止國際旅行、武器禁運等。[8]因為精靈制裁讓各國決策者、外交官、學術界及國際人道組織很容易聚焦，使得制裁國的政治壓力降低，精靈制裁很快地取代了全面制裁，成為制裁的主流概念。柯林頓政府在一九九〇年代後期開始正式接受精靈制裁作為政策選項。[9]

九一一恐怖攻擊後，美國加強了對恐怖組織及流氓國家的金融壓力。這個加強的金融壓力，可以從三個相互影響的角度分析說明：美元為中心的全球化金融體系、美國的法律/執行機構、美國的金融高階外交。

美元為中心的全球化金融體系

金融體系從一九六〇年代的「歐洲美元」開始，經過一九八〇年代初美國克服了通貨膨脹的威脅，即迅速全球化。到了一九九〇年代中期，全球化的金融已經被認為是國際政治中非常重要的結構性因素。[10]全球化的金融體系把傳統的民族國家、國際組織、恐怖組織、黑幫、商業銀行、投資銀行、保險公司、一般公司、個人、退休基金、共同基金、信用評等公司、[11]會計公司、[12]顧問公司[13]等等，用不同的產品及服務，在不同的市場上，例如那斯達克、芝加哥期貨交易所、各國的股市及債市，二十四小時地、全球性地串在一起。[14]例如，美國財政部研究了世界三十個和全球金融體系最有連結的銀行，美國的摩根大通銀行高居第一。前十名中，有五家是美國的銀行，分據第一、三、七、九、十名。[15]這個全球性金融體系的血管通路是由資訊及通訊高科技建立起來的，據估計，摩根大通銀行雇用的軟體工程師比谷歌還多，雇用的科技人員比微軟還多。[16]

金融體系血管裡流通的血液，如前所述，大部分是美元。美國的金融體系則是世界金融體系的核心，其他國家無出其右。美國所以能成為全球金融的核心，在於美元的普遍、美國金融機構的創新能力、美國資訊通信科技的技術、以及美國政府發展出的金融管制技術。因此美國要武器化美元，有很大的主場優勢。以下說明主場優勢是如何運作的。[17]

國際金融體系有很多咽喉要地，或稱瓶頸、或者稱險要。這些咽喉要地有些是美國直接管轄的，有些是美國可以影響到的，因此美國可卡住這些咽喉要地，施加國際壓力。

咽喉要地有兩個重要功能：一是監看、一是阻絕進入。[18]金融體系裡的咽喉要地主要和結帳清算的過程有關，結帳清算是指如果A跟B買東西，A一定要確定會收到貨，B要確定會收到款。雙方的關切一定要解決，要不然就不會有交易發生。各金融機構不論是清朝時的山西票號，或是穆斯林世界傳統的哈瓦拉（hawala），都有它們的方法解決A、B之間結帳清算的問題。傳統社會中結帳清算額度小，因此傳統金融機構都還可對付。

到了金融全球化的時代，交易金額鉅大，因此需要現代的金融機構。例如，根據美國聯邦準備理事會的統計，二〇一九年每一個營業日，其票據交換系統（Fedwire）要處理國內金融機構二．八兆美元的交易量。[19]再加上銀行間清算支付系統（Clearing House Interbank Payments System，CHIPS）每日處理的一．二兆國際美元交易，[20]合計就是四兆。複雜的結算清算過程會產生一些咽喉要地，這些金融咽喉要地就是武器化美元施展拳腳的地方。

以下舉三個金融咽喉要地的例子。第一個例子是聯準會銀行間清算支付系統，這是美國和外國的主要結算清算系統。根據聯邦準備理事會紐約分行的統計，此清算支付系統處理國際美元交易量的百分之九十五，系統係由清算支付公司（The Clearing House Payments Company LLC）擁有，這個公司有四十三個金融機構會員，大部分是美國的金融機構。[21] 清算支付系統受聯邦準備理事會的監管，主要處理國際銀行間的大宗交易，每宗交易平均值為三百萬美元。

作為聯準會銀行間清算支付系統的會員，依規定必須要在紐約設立分行或分公司；其他任何銀行要從事美元交易，必須找清算支付系統的會員作為通訊員銀行。這是一個重要的咽喉要地，因為外國銀行如果不遵守美國的規定，例如幫助恐怖組織或黑幫洗錢，通信員銀行就會斷了它和這家外國銀行的交易，這等於斷了這家外國銀行的美元交易。

以美元使用的普遍，沒了美元，等於斷了這家銀行的生路，這就是稍前所說的咽喉要地阻絕進入的功能。當然通訊員銀行也可以要求外國銀行提供美元交易客戶的詳細資料，以了解狀況，這就是前述的咽喉要地的監看功能。

第二個例子是環球銀行金融電信協會。（Society for Worldwide Interbank Financial Telecommunications，SWIFT），它是在一九七三年，由十五個國家及二百三十九家銀行共同成立的合作社，總部設在比利時，其功能是作為銀行間的通訊管道。現在世界上幾乎所有國家，以及超過一萬一千個金融機構，都用環球銀行金融電信協會的通訊服務。[22]在此先作背景說明，A 要匯錢給 B，A 的銀行就要通知 B 的銀行，有錢要匯進來了。A 銀行給 B 銀行的通知必須可靠、迅速、安全，並且一定要有這樣的通知，B 的銀行才敢把錢撥到 B 的帳戶裡。

環球銀行金融電信協會不是銀行，它不能結算清算銀行客戶之間的匯兌交易；但是沒了這個金融電信協會提供的通訊服務，銀行間的結算清算就無法完成。協會每則匯兌通訊含有大量標準化的客戶資料，作為金融匯兌的咽喉要地，環球銀行金融電信協會是個絕佳的監看點，讓美國可以監看協會金融匯兌的資料。

環球銀行金融電信協會如果把一個金融機構踢出它的通訊網絡，這個金融機構便既不能匯、也不能收，幾乎就是廢了。我在稍後會說明美國怎麼使用這個咽喉要地。

第三個例子是信用卡。消費者使用信用卡，商家一定得收到款，交易才能完成。信用卡也有其結帳清算的程序，信用卡公司和世界各國的發卡銀行結合成一個網絡，讓跨國交易得以完成。依刷卡次數，二〇一九年信用卡公司國際市場占有率如下：威士卡為百分之四十二·一、銀聯卡為百分之二十九·七、萬事達卡百分之二十四·六、美國運通卡是百分之二，其餘較小的信用卡公司不細表。[23]以上除了銀聯卡是中國的公司，其他都是美國的公司，再加上一些較小的美國信用卡公司，美國占了國際市場的七成。

這裡美國無法監看各國消費者，因為各國有各國的金融規範。但是因為美國信用卡公司的量大，美國政府可以阻絕進入，也就是美國政府可能會要求美國的信用卡公司不處理受制裁國家的跨境交易，這會打擊到受制裁國家的跨境經濟活動。[24]

例如，俄羅斯在二〇二二年二月入侵烏克蘭後，美國的信用卡公司自動暫停俄羅斯市場的業務；留在俄羅斯的信用卡公司只處理境內的刷卡業務，不再處理國際業務。國際對俄羅斯金融制裁不僅加在俄羅斯政府、公司、銀行身上，也加在消費者身上。[25]

美國的法律／執行機構與美元武器化

美國從一九七〇年開始，就逐漸制定了各項反洗錢法律，也成立了執行機構。這些法律退可守——確保美國金融體系的安全穩定，進可攻——可以施壓制裁其他國家。表 4-2 列出美國反洗錢法律。

立法年份	反洗錢法中譯名稱	反洗錢法英文名稱
1970	銀行保密法	Bank Secrecy Act
1986	洗錢控制法	Money Laundering Control Act
1988	反毒品法	Anti-Drug Abuse Act
1992	Annunzio-Wylie 反洗錢法	Annunzio-Wylie Anti-Money Laundering Act
1994	洗錢壓制法	Money Laundering Suppression Act
1998	洗錢及金融犯罪對付策略法	Money Laundering and Financial Crimes Strategy Act
2001	愛國者法案	USA Patriot Act
2004	情報改革及恐怖主義防範法	Intelligence Reform and Terrorism Prevention Act

表 4-2. 美國的反洗錢法

資料來源：Department of Treasury, Financial Crime Enforcement Network (FinCen), https://www.fincen.gov/history-anti-money-laundering-laws.

二〇〇一年的愛國者法（Uniting and Strengthening America by Providing Appropriate Tools Required to Intercept and Obstruct Terrorism Act）是在九一一恐攻後通過的全面反恐法律，其第三章（Title III，又稱「國際洗錢壓制及金融反恐法」，The International Money Laundering Abatement and Financial Anti-Terrorism Act of 2001）目的是要以錢追人，切斷恐怖份子及流氓國家的金脈。第三章A節（Subtitle A）裡的各款（從三一一款到第三三〇款）明訂金融機構的反恐程序；B節裡的各款（從第三五一到三六六款）整合修正了先前反洗錢法的相關部分，包括擴大總統在「國際緊急經濟權力法」（International Emergency Economic Powers Act, 1977）下的授權，讓行政部門能更彈性、更及時地做出政策反應（第三六〇款），以及設立各反洗錢執行機構的協調機制（第三六一、三六二款，在財政部下設立「金融犯罪執法網絡」Financial Crime Enforcement Network, 簡稱 FinCen）；C節處理的是貨幣犯罪的問題，例如偽鈔（第三七一到第三七七款）。

愛國者法第三章的特點是它擴大了行政部門凍結或沒收金融資產的權力，這個權力原來應是用刑法標準，現在則用情報標準。只要行政部門對某個對象有疑，政府不負舉證責任，而由被懷疑的對象證明無辜。行政程序取代了司法程序，[26]適用的對象還擴及外國的政府、實體及個人，形成美國的法律的「長臂管轄」，[27]或稱「治外法權」。基於國會在不同法案裡的授權，美國總統則發出行政命令，要執行單位做出制裁。例如在九一一發生後不到兩週，國會尚未通過愛國者法案，小布希總統即依據「國際緊急經濟權力法」發佈了行政命令一三二二四號，讓行政部門可以立刻展開反恐行動。歐巴馬總統根據二〇一二年的國防授權法案（FY2012 National Defense Authorization Act, PL112-81），發佈行政命令一三五九九號，讓執行單位可以沒收伊朗的金融資產。根據財政部的統計，從二〇〇〇到二〇二一年，財政部執行的制裁有百分之六十三是根據行政命令，百分之三十七係根據國會通過的法律。[28]

財政部是金融制裁最重要的執行單位，它和其他相關部門配合，這些相關部門包括國家安全會議、國務院、國土安全部、聯邦準備理事會、美國證券交易委員會等。財政部在執行金融制裁時，有三個相互關聯的手段：列出制裁的黑名單、要求金融機構遵守制裁、外交施壓。

財政部下屬的「外國資產控制辦公室」（Office of Foreign Asset Control，OFAC）制定制裁計畫；另外一個重要單位則是前段提到的金融犯罪執法網絡，此單位負責收集分析金融資料，也就是負責監看金融咽喉要地，提供金融情報給其他國內及國外相關單位。[29]外國資產控制辦公室提出的制裁計畫，不但攸關被制裁國，也攸關其他國家及美國的金融機構。外國資產控制辦公室現在有三十六項制裁計畫，其中二十六項和其他國家有關，十項則是非特定國家的項目，例如組織犯罪、毒品買賣、干擾美國國內選舉等。[30]

在執行金融制裁時，外國資產控制辦公室一定是先列出制裁對象黑名單，黑名單的正式名稱是「特別認定的外國人及拒絕往來人士名單」（Specially Designated Nationals and Blocked Persons List, SDN），外國人及拒絕往來人士指的是個人、公司、信託基金、政府單位、恐怖組織、黑道幫派或是任何實體。在外國資產控制辦公室的指導原則下，金融機構必須凍結黑名單上所列實體的資產，或是拒絕為這些實體從事任何金融交易。美國人士（包括美國公民、居民、公司、社會團體，以及其他實體等）不可和黑名單上的實體，或者與被制裁的國家及地區，從事任何交易。外國資產控制辦公室最新的黑名單有一千六百多頁，將近一萬個實體，詳列被黑實體的各項資訊。[31]當然有些被黑實體會另行成立空頭公司，規避制裁，美國就得靠它的情報網隨時更新被黑實體的資訊。

這份黑名單並不是唱個名、過個水而已，它真正的功能有兩個：一是讓金融機構注意名譽風險，重視名譽的金融機構自然不會和黑名單實體打交道；二是迫使金融機構做選擇——是要冒險和被制裁的實體做生意呢？還是要和美國市場做生意？如果一個金融機構被美國逮到和黑名單實體交易，不僅面臨重罰，還有可能被阻斷使用美元，例如被紐約的聯準會銀行間清算支付系統通訊員銀行拒絕往來。不能使用美元，這家金融機構就可以關門了。因此金融機構為了自己的名聲，也為了自己的生意，會努力遵守外國資產控制辦公室的要求。

外國資產控制辦公室的要求很具體，金融機構如果發現有黑名單上的實體在金融交易中出現，不管是匯款方或接收方，就得拒絕承作匯兌，或是凍結匯款。一旦有這種情況發生，金融機構必須在十個工作天內，向外國資產控制辦公室報告，報告中必須詳列匯款帳戶及受款帳戶的持有人姓名；金融資產的性質、地點及價值；凍結匯款或拒絕匯兌的日期；提供匯單影本；凍結的匯款是否已存到特別指定的帳戶。

許多金融機構都用外國資產控制辦公室開發的軟體，以顯示這些金融機構在監看及報告上已做好做滿了。如果外國資產控制辦公室發現在黑名單上的實體已完成了美元交易，辦公室會視情節輕重，發出行政傳票要求金融機構說明，或是發出警告信、採取民事處罰、送刑事訴訟，或是處以鉅額罰款。金融機構因此必須更加謹慎，避免承作黑名單實體的任何交易。外國資產控制辦公室把國內外的金融機構都變成了「總統的間諜」，[32]以下舉北韓及伊朗的制裁例子作為說明。

二〇〇五年九月，美國財政部在愛國者法三一一款的授權下，警告美國的金融機構，說澳門的匯業銀行（Banko Delta Asia）有很大的洗錢問題，已為北韓洗錢洗了二十餘年。[33]儘管這項警告當時還沒牽涉任何法律後果，馬上就有二十餘家銀行降低或中止了它們和北韓做的生意。美國也沒要求澳門政府採取任何行動，但澳門政府很快地就接收了這家銀行，並凍結北韓兩千五百萬美元的資金。澳門政府顯然擔心美國可能會警告澳門境內其他銀行，整垮澳門的銀行業。金融機構的自發作為，把北韓放逐到國際金融之外。

二〇〇五年六月，美國財政部依據總統第一三三八二號行政命令，把涉及伊朗發展核武的個人、政府機構及銀行列入黑名單；二〇〇七年十月，財政部又依據行政命令第一三二二四號，把伊朗資助恐怖組織的個人及公司列入黑名單；制裁伊朗的黑名單以後逐年擴大，[34]列入黑名單的銀行包括伊朗最主要的銀行；到了二〇一九年九月，連伊朗的中央銀行、國家發展基金都被列入黑名單。[35]黑名單公佈沒多久，就有八十多家銀行，其中包括歐洲及中東的大銀行，宣佈降低或中止它們和伊朗銀行的關係，此舉使得伊朗最重要的能源業進出口都受到打擊。

出口方面，因為國際石油用美元報價，而承作伊朗石油外銷的國際大銀行擔心美元交易無法通過紐約的聯準會銀行間清算支付系統，變得不願意承作。伊朗只好找小銀行，這就增加了成本及風險。進口方面也是如此。例如印度的信實工業（Reliance Industries）向來是伊朗汽油重要的供應商，但因為伊朗無法從法國的銀行拿到信用狀，信實工業只好停止外銷伊朗好幾個月。

同樣地，伊朗的石油鑽探及研發也無法買到足夠的科技及設備；外資也因為怕被黑，不願意進入伊朗。據估計，在黑名單發表後，伊朗的進口成本大幅增加百分之二十到三十。另外，伊朗的公、私銀行因為缺乏資金，[36]多家面臨倒閉風險。

美國的金融高階外交

除了行政機關的規範之外，財政部也積極從事高階外交，對國家、國際機構、公司施加很大的壓力，[37]我舉環球銀行金融電信協會的例子說明。美國早在九一一之前，就想利用環球銀行金融電信協會的資料監控金融犯罪，但是歐洲非常重視資訊保護，因此不同意美國的要求。

九一一事件後，環球銀行金融電信協會開始願意談判讓美國使用它的電信的資訊。美國非常清楚歐洲重視資訊保護的法治主張，因此美方高級官員提出一套使用資料的法律程序，並且願意自制，保證不會過度使用金融電信協會的的資訊。雙方於是逐漸磨合出一套規矩，這項合作一直秘密進行，真到二〇〇六年六月紐約時報揭露此事，[38]歐洲因此開始立法規範環球銀行金融電信協會的資訊使用。

在制裁伊朗時，美國遊說歐洲把黑名單上的伊朗金融機構逐出協會。二〇一二年三月十二日，環球銀行金融電信協會發表聲明，說它接收到歐盟理事會的指示，切斷了它和受歐盟制裁的伊朗銀行的聯繫。要注意的是，環球銀行金融電信協會的聲明還是維護了協會做為一個歐洲機構的主體性。二〇一五年七月十四日，美國和其他國家和伊朗達成伊朗去核協議（Joint Comprehensive Plan of Action, JCPOA）；二〇一六年一月十六日，白宮宣佈國際原子能總署（International Atomic Energy Agency）已確認伊朗遵守協議的初期承諾，美國開始執行其餘步驟。[39] 一個月後，伊朗重回環球銀行金融電信協會。[40]

二〇一八年五月八日，川普政府單方撕毀伊朗核子協議。二〇一八年十一月五日，環球銀行金融電信協會發表一個簡短的聲明，含混地說它「很遺憾」必須和某些伊朗的銀行切斷關係。聲明中沒有指明哪些伊朗銀行，沒有提到歐盟理事會、也沒有提及美國的制裁，但反映出它成了美國及歐盟之間的夾心餅乾。[41] 十一月八日，美國財政部長穆鈕欽（Steven Mnuchin）宣佈伊朗的中央銀行也被踢出環球銀行金融電信協會，指協會做了正確的決定。

幾天前，穆鈕欽曾發出威脅，認為協會如果不切斷它和伊朗金融機構的聯繫，美國也可對環球銀行金融電信協會制裁，協會和其他實體沒什麼不一樣。[42] 這個威脅是可信的，因為憑美國的科技實力、美元的頂尖地位以及美國卡著美元付款清算的咽喉要地，大可以打造另一個國際匯兌的通訊管道，把環球銀行金融電信協會比下去。

在環球銀行金融電信協會方面，美國二〇〇一年和歐盟的客氣商量，到二〇一八年的霸道，可以看出美國在國際金融市場上的主場優勢。除此之外，美國財政部高級官員還拜訪國際金融機構，「請」這些機構配合美國的政策。美國財政部高級官員登門拜訪，沒有哪個國際金融機構敢說不。[43]

美元武器化的相關問題

美元武器化引申出兩個重要相關問題：美元制裁這個武器是否有效，[44]以及治外法權。

美元武器化的效用

經濟制裁包括金融制裁，是否有效是個極複雜的問題。之所以複雜牽涉到兩個概念。第一個要釐清的概念：有效是指效果，還是效用？如果是指效果，效果要用什麼衡量？我用美元制裁來說明。美國把伊朗踢出美元體系，是要制裁伊朗發展核武及支持恐怖組織。制裁了那麼久，伊朗並沒有改變它的行為，準此而言，美元制裁的效果是零；但是美元制裁降低了伊朗的國力、伊朗的貿易大幅下降、通貨膨脹大幅上升，等於間接增加了伊朗發展核武及支持恐怖組織的成本，因此還是有效果的。

此外，對其他國家說不定還有外溢的嚇阻效果，例如澳洲的智庫洛伊國際政策研究所（Lowy Institute）便建議如果台海有事，美國可考慮阻斷中國用美元交易作為嚇阻之用。[45]美元武器化有效如果是指「效用」，美國就不只要考慮傷敵一千（效果），還要考慮到己傷八百（成本），效用等於效果減去成本。美元制裁如果用多了，當然受制裁的國家，還有未來可能受制裁的國家，會把資產轉出美元，轉入其他國際貨幣，例如俄羅斯和中國已經開始去美元化了。[46]當越多國家把資產轉出美元，避開美元金融體系的咽喉要地，美元作為武器的效果及效用都要打折扣了。[47]

第二個要釐清的概念，是美國及其盟友在碰到國際衝突時，例如伊朗發展核武、或是俄羅斯吞併克里米亞，它總要有個政策反應。美國必須在「戰爭—

束手無策」這個光譜之間，選擇一個政策。選擇戰爭代價太高，尤其是和有核武的國家開戰，核戰風險是不可承受之重；如果束手不作為，很可能姑息養奸，讓對手國在下一回合更肆無忌憚。在這兩極之間，經濟制裁可能是第二好的政策選擇了，因為沒有最好的政策選擇。

我們前文提到廣泛的經濟制裁，被制裁國的精英份子照樣吃香喝辣，老百姓卻困苦不堪，可能造成人道危機。因此美元金融制裁上場，以做精準打擊。[48]從政策選擇觀點來看，制裁國必須從國際政治的大處著眼，懲罰對手國或嚇阻潛在對手國，但又不致引起全面戰爭。能找到方案，這才是重點，制裁的效果或效用都還是其次的問題。[49]在當前的國際現實中，美元制裁應該是個最可行的方案了。

當然，制裁國有政策，被制裁的一方就有對策。我舉俄羅斯為例子，在二〇一四吞併克里米亞後，俄羅斯遭到西方國家的金融制裁，經濟尤其是金融機構，受到很大的打擊。它的對策主要就是反制武器化的美元，其中包括：

- 因為擔心未來會被踢出環球銀行金融電信協會，俄羅斯迅速建立了一個仿照環球銀行金融電信協會功能的國內付款通訊體系，[50]以後如果不能用協會做國際匯兌，至少國內匯兌還行得通。
- 建立俄羅斯自己的信用評等公司，不讓國際三大信用評等公司（其實都是美國公司）專擅。
- 建立自己的信用卡清算體系，稱為世界和平支付系統（Mir），美國的信用卡公司如威士卡、萬事達卡等，在處理俄羅斯境內的信用卡交易時，要用世界和平支付系統。
- 分散西方主導的資本及金融服務體系，例如在中國發行人民幣計價的俄羅斯公債，以吸取中國的境內資本；和中國人民銀行簽訂貨幣交換協定；或是用俄羅斯最大的礦業公司諾鎳（Norilsk Nickel）、俄羅斯天然氣公司（Gazprom）押進歐洲公債（Eurobonds），以因應國內資本支出；成立國營的俄羅斯直接投資基金（Russian Direct Investment Fund），提供相對基金給願意投資俄羅斯的外資公司。

- 減少外匯存中的美元部位，增加歐元及人民幣部位。[51]

二〇二二年二月，俄羅斯入侵烏克蘭，西方國家金融制裁俄羅斯，把俄羅斯七家大銀行踢出環球銀行金融電信協會，其中包括最大的兩家俄羅斯聯邦儲蓄銀行（Sberbank）及俄羅斯天然氣銀行（Gazprombank）。限制俄羅斯的國債及公司債在西方市場交易，斷了俄羅斯在西方市場上的融資管道；更限制俄羅斯的中央銀行動用它存在其他國家中央銀行的外匯存底，連中立國瑞士及與歐洲事務比較不相干的日本都一起執行同樣的限制。俄羅斯可以用到的外匯存底，只有存在本國的黃金及存在中國人民銀行的人民幣[52]，其他外匯存底不管是美元、歐元、英鎊、瑞士法郎或是日元，根本就無法用到。

另外一個重要的被制裁國家伊朗，也有自己的對策，[53]但這裡不細說。我要強調，美元作為武器到底多有效，不是要看它的單一效果或是效用，而是要看國際總體局勢下美國及其盟國的政策，以及被制裁國的對應政策，才能判斷美元制裁的成敗。西方國家對俄羅斯入侵烏克蘭實行金融制裁，本質上還是美國的單邊策略，但在執行上卻是多邊的。因為是多邊的，所以對俄羅斯的殺傷力非常大。美元武器化有多大效用是個複雜的問題，複雜的問題只能有複雜的答案。

美元武器化引起的治外法權問題

治外法權定義非常複雜，簡單的說，就是要把本國法律延伸到別的國家，要求該國遵守本國法律。治外法權或稱長臂管轄，放在中國屈辱百年的歷史背景下，是個嚴重的民族主義議題；[54]另一方面，美國的治外法權卻是兩個世紀以來演化的結果。[55]

這個演化過程包括了國會的立法、各級法院的判例、行政部門的政策、國際法的案例，以及外國政府或公司的「配合」，[56]背後其實是美國的國勢、市場、法律制度、科技、以及學術在世界上的領先地位。我以下說明美元武器化引起的治外法權問題，先舉幾個例子。

二〇〇九年開始，外國的大銀行因為違反了美國的法律，美國開始處罰這些大銀行，包括：

- 二〇〇九年，對瑞士最大的銀行瑞銀集團（UBS）處以七億八千萬美元罰款，因為瑞銀集團幫美國人逃稅；
- 二〇一二年，對英國的大銀行巴克萊銀行（Barclays）處以三億六千萬美元罰款，因為該銀行操控「倫敦銀行同業拆款利率」（London Interbank Offered Rate, LIBOR），此利率是國際銀行設定利率最重要的指標，這會影響到美國的銀行。二〇一五年，再加罰十九億美元，因為該銀行企圖操控匯率；
- 二〇一二年，對英國最大銀行滙豐銀行（HSBC）處以十九億美元罰款，因為滙豐銀行違反了國際對古巴、伊朗及利比亞的制裁，另涉及替墨西哥毒犯洗錢；
- 二〇一四年，對瑞士第二大銀行瑞士信貸（Credit Suisse）處以罰款二十六億美元，起因是它幫美國人逃稅；

- 二〇一四年，對法國的第一大銀行法國巴黎銀行（BNP Paribus）處以八十九億美元罰款，因為該行逃避美國對古巴、蘇丹、伊朗的制裁；

- 其他受罰的知名銀行還包括英國的渣打銀行（Standard Chartered）、勞埃德銀行（Lloyd' s）、蘇格蘭皇家銀行（Royal Bank of Scotland）、荷蘭的安智銀行（ING），德國最大的銀行德意志銀行（Deutsche Bank）、德國第二大銀行德國商業銀行（Commerzbank），以及法國的第二大銀行法國農業信貸銀行（Credit Agricole）；另外還有一些較不知名的國際銀行，也在外國資產控制辦公室的處罰之列。此外紐約州也可以規範處罰外國銀行，因為紐約市有全球大銀行的分支機構；紐約州的金融法律及監理都可以管制這些分行。紐約州的金融監管單位會和財政部及聯準會密切合作，例如，二〇一六年，台灣的兆豐銀行就因為和巴拿馬銀行有可疑交易，違反紐約州的反洗錢法，被處以一億八千萬美元罰款。

除了重罰，美國財政部還要求這些銀行做出組織改革，以確保不會再犯美國法律，我以英國最大銀行滙豐銀行做說明。[57]在和外國資產控制辦公室和解後，滙豐銀行總公司撤換其高層管理團隊，包括董事長及執行長；追回發出去的紅利；在滙豐銀行全球網絡中建立了一套遵守外國資產控制辦公室規定的系統；承諾在其全球網絡中，依外國資產控制辦公室黑名單對比篩選客戶；完全放棄在九個高風險國家以及四十二個高風險行業的生意。滙豐銀行在美國的分公司又更進一步地加強公司內部反洗錢部門，其預算增加九倍，達到二億五千萬美元左右；反洗錢部門主管必須定期向董事會報告；把公司法務部和反洗錢部門拆開，互為制衡。強迫這些大公司依美國的法律做出改革，顯示外國資產控制辦公室把美國的治外法權發揮得淋漓盡致。

以上所述外國資產控制辦公室對大銀行的處罰有以下特點：

第一，這些大銀行的犯行都是在外國犯下的，不是在美國管轄區內；[58]它們的犯行只和美國沾上一些邊，但美國照罰。

第二，所有這類處罰都是各銀行和美國的檢察官達成和解協議，但不是認罪協議，因此沒有進入法院審理。如果進入法院審理，在一審、二審階段，美國各法院判決不一，有些判例主張美國沒有治外法權，有些卻主張有。假若一直上訴到底，美國聯邦最高法院在幾個重要判例中，基於美國國會立法通常只考慮國內適用，都主張美國法律不應延伸到國外，也就是美國沒有治外法權。[59]進入訴訟，外國銀行未必會敗，但是外國銀行寧可花錢消災，也不願意告上法庭。這有一個重要原因：它們擔心輸了官司，還有可能被罰不准進入美國資本市場，或是被斷絕美元交易，這就有可能要關門大吉了。

第三，美國檢察官因為有國會通過的法律（尤其是有關郵件、通信詐欺及串謀詐欺的法律）授權，也有總統行政命令的授權，讓他們有很大的彈性空間，追求檢察官想要的目標。這些檢察官的目標就是要這些國際銀行做出內部結構改革，在國外即杜絕洗錢，[60]他們會在和解協議中列出大銀行的犯行，例如上述外國資產控制辦公室和匯豐銀行的和解協議就列出了二十餘條匯豐銀行的犯行。和解協議也會說明如果大銀行未能進行內部改革，哪天要是被起訴了，這些犯行仍可作為呈堂證據。再加上斷絕美元交易的潛在風險，形成了對大銀行的雙重嚇阻，大銀行只好就範，依外國資產控制辦公室的意見改革。這些大銀行不僅就範，甚至先意承旨，做的比美國財政部要求的更多更好。

治外法權和二級制裁的使用密切相關。一級制裁是指美國不准美國實體違反美國的制裁法律，二級制裁是指美國不准其他國家實體違反美國的制裁法律。美國對歐洲這些大銀行及其他歐洲實體的二級制裁，對歐洲造成極大的壓力。歐洲與伊朗、俄羅斯的商業關係，不管是貿易、金融或是投資，都比美國與這兩個國家的商業關係來得多。美國的二級制裁對歐洲商業利益影響太大，更不要說二級制裁的治外法權對歐洲不僅是法律挑戰，更是外交政策的挑戰。

早在一九九六年，美國為了進一步加強對古巴禁運，通過賀姆斯—波頓（Helms-Burton）法案。這個法律把原來僅要求美國實體對古巴禁運，擴張到要求別國實體也要對古巴禁運，此舉立刻引起軒然大波，從歐洲到中南美洲的國家都群加撻伐；歐洲議會及歐盟執委會更通過「阻擋規範」（Blocking Regulations），阻擋歐盟的實體遵守美國這項法律。後來因為國際壓力，美國總統從柯林頓到川普都簽署暫時中止該法最具爭議的部分條文；但川普在二〇一八年美國退出伊朗核子協議後，又恢復了賀姆斯—波頓的爭議性條文。

在面對外國資產控制辦公室黑名單時，歐盟執委會二〇一八年加強「阻擋規範」的法律強度，不允許歐洲實體為了遵守美國的制裁要求，而退出伊朗及古巴的市場，歐盟國家所有法院在判決時都必須遵守，此規範等於讓歐洲實體面對兩個衝突的法律架構。歐盟這項規範原來是要讓歐盟實體有個法律靠山，讓歐盟實體可以扛得住美國的法律壓力，可是「阻擋規範」未必有預期效果。歐盟的公司在骨子裡因為怕美國的二級制裁而退出伊朗市場，但在表面上卻可說伊朗市況不佳，該公司無利可圖而退出，和美國二級制裁沒關係。

中國商務部則在二〇二〇年九月公佈「不可靠實體清單規定」，又在二〇二一年一月公佈「阻斷外國法律與措施不當域外適用辦法」。這兩項行政規定之外，中國人大常委會在二〇二一年六月也通過「反外國制裁法」，以作為對抗美國制裁的工具箱。[61] 跟歐盟的「阻擋規範」一樣，中國的立法設計也將外國實體置於美國及中國兩個衝突的法律架構下，外國實體一定會有適應辦法。

歐洲抵消美國金融制裁伊朗的另一項制度設計，是建立「支持貿易機制」

（Instrument in Support of Trade Exchanges, INSTEX）。這個機制由德、英、法參加，提供伊朗進口融資以購買人道物資、食物及醫藥產品，上述物品不在美國的制裁項目上。但是伊朗外交部長說得最明白不過，「這個貿易融資機制是個好開始，但伊朗最需要歐洲提供的是銀行服務、能源交易及保險。」伊朗要的這三大項都和美元有關，歐洲就無能為力了。伊朗也一再說了，伊朗核子協議的其他簽字國——德、英、法、中、俄——如果仍能留在協議內，即使美國退出，也仍然可以確保協議繼續有效執行。但是一碰到美國的二級制裁，這些國家全都縮了。[62]

歐洲重要的外交智庫也提出政策建議，以減少美國的治外法權壓力。這些建議包括歐洲的外交政策必須更堅定、更團結；歐洲各國的中央銀行必須擴大功能、建立和環球銀行金融電信協會平行的匯兌通訊系統；減少美國在通訊系統上的參與；擴大「支持貿易機制」的成員，因為現在除了德、英、法三國，其他各國都不願參加，免得開罪美國；採取措施使歐元能和美元平起平坐。但這個政策建議書中最後承認，所有政策都很難執行，因為歐洲沒有足夠的政治決心，所以美國的二級制裁仍然十分有效。[63]

另外，歐洲也想從國際貿易組織、國際貨幣基金的法條、美國和歐洲國家簽的友好條約或雙邊投資協定等傳統國際法，看看美國的二級制裁有沒有違返國際法。不過初步研究顯示，美國未必違反了這些國際經濟組織的規章條例。[64]

結論

在貨幣的六項功能上，美元都獨占鰲頭。就因為美元這麼普遍，美國可以武器化美元，作為制裁的工具。美國在美元交易及清算過程中，掌控了幾個咽喉要地，例如聯準會銀行間清算支付系統、環球銀行金融電信協會、信用卡公司或是其他金融組織。美國的高科技公司，不論是掌握支付清算（例如PayPal）、購物平台（如亞馬遜）、掌握網際網路入口（例如谷歌、雅虎），只要和金融有關，也都是美國政府的助力。[65]美國法律、行政體系尤其是財政部及高階外交運作，共同掌控全球的金融咽喉要地。

為了防堵受制裁的實體繞道別國，避開美元的咽喉要地，美國用二級制裁威脅借路的國家也得配合美國的制裁，否則自己遭殃；二級制裁就是美國的治外法權。雖然歐盟及中國都立了法，以對抗美國的二級制裁，但實效很難說。因為美元是國際貨幣體系的中心，外國實體最有可能趨利避害，寧就美元，躲開阻擋規範。美元的武器化實際上已把美國的金融規則，變成了國際金融市場的規則。[66]

第五章　誰與爭鋒：歐元與人民幣對美元的挑戰

有可能和美元競爭貨幣霸權的，只有歐元及人民幣。根據世界銀行二〇二一年的數據，美國是全球最大的經濟體，國內生產總值為二十三兆美元；中國是第二大經濟體，國內生產總值為十七．七兆美元；歐元區，也就是用歐元的十九個國家，則為第三大經濟體，國內生產總值為十四．五兆美元。歐元在上一章所述貨幣各項功能上，都僅次於美元。人民幣雖然在貨幣各項功能上，還差了美元一大截，但是中國經濟體量大，政府有野心、也有做法要將人民幣國際化。其他重要的國際貨幣，如日元、英鎊、瑞士法郎、加幣、澳幣等，因為經濟體不夠大，也沒有野心要和美元一爭高下，因此都不是霸權貨幣的料。

歐元對美元的挑戰

一九九二年，歐盟的十二個國家簽署了「歐盟條約」（Treaty of European Union，亦稱馬斯垂克條約，Maastricht Treaty），條約規定要在一九九九年完成「經濟及貨幣聯盟」（Economic and Monetary Union, EMU）。一九九九年一月，歐元開始正式上路，剛開始有十一個國家採用歐元。二〇〇九年十二月，里斯本條約（Treaty of Lisbon）成立，這個條約可視為一九九二年馬斯垂克條約及一九五七年羅馬條約的二．〇更新版，規定由歐元國家財政部長組成的歐元集團（Eurogroup）對歐元有政治控制權，歐洲中央銀行（European Central Bank, ECB）負責歐元的發行及監管。

歐元上路的頭十年，表面看起來運作平順，但是結構性的問題一直在醞釀，緩慢到難以察覺。二〇〇七下半年，美國開始的次貸危機加速了歐元的問題；直到二〇〇九年年底，歐元危機開始迅速蔓延，危機一爆開就持續到二〇一五年才逐漸平息。在歐元危機下，各國呈現不同的症狀，因此在危機開展時，各方政府及專家有不同的診斷。直到危機平息，各方才對危機起因有了些共識。[1]就時序來說，歐元危機的種子從冷戰結束、兩德統一就埋下了，雖然那時還沒有歐元這回事。

兩德統一造成德國很大的財政負擔，德國因而採取了緊縮政策——對內降低消費、增加儲蓄；對外則努力拓展外銷，賺取外匯。德國是歐洲最大的經濟體，經濟政策對其他歐洲國家有很大的影響。歐元成立後，歐洲的金融市場因為再也沒有以前擾人的匯率浮動問題，貿易及金融變得比較有效率，資金成本就跟著降低。政府、企業、個人都較以往容易取得資金，而且利率比以往都低。

德國的經濟緊縮，歐洲週邊的國家如冰島、愛爾蘭、英國、葡萄牙、西班牙、希臘等，經濟卻在成長。德國及其他北歐國家因為經濟緊縮，賺來的外匯在國內沒什麼投資機會，因此願意透過歐洲金融市場投資到週邊國家。這些資本投資的主要標的，是週邊國家的房地產或消費品產業，以賺取較高的利潤。

同時，週邊國家也願意從歐洲金融市場借錢，繼續發展經濟。德國的國際貿易順差就這樣流進歐洲的週邊國家，歐洲週邊國家也藉著外資流入，可以平衡貿易逆差。因此當時歐洲國家的國際收支，也就是經常帳加資本帳，大致都還算平衡，並不離譜。

一九九〇年代中期以前，經濟好的國家在金融市場上借錢，付的利息就低；經濟差的國家借錢，付的利息就高。這種風險貼水（risk premium）就是市場加給借方的紀律，或是說處罰。可是從馬斯垂克條約開始，市場預期歐元一定會成形，歐洲貨幣一體化後，各國經濟的風險都會降低，經濟表現也差不了太多。利率的風險貼水因此越來越低，也就是不論經濟表現好壞，各國借的十年期政府公債的利率趨於一致，而且利率越來越低。[2]

在這樣的市場預期下，歐洲週邊國家在金融市場上借錢，其實質利率趨近於零，或者就是負利率，因此有動機借錢，不借白不借；這些週邊國家的企業、家庭也依樣畫葫蘆，不借白不借。歐元讓歐洲的金融市場得以整合、擴大、深化，時間久了，大家對低利率習以為常，因此越借越多，槓桿也越來越高。[3]

二〇〇七年下半年，美國次貸引起的金融危機，一開始並沒有影響到歐洲的金融市場。可是次貸風暴逐漸擴大，銀行之間就越來越不願意相互放款，因為放款銀行不知道要借錢的銀行在次級貸款上有多大的曝險，說不定錢借出去就回不來了。歐洲大銀行在美國都有分行，它們當然也會有次貸曝險，因此歐洲的銀行也不敢互相拆借。歐洲金融市場的資金流動性越來越少，借錢多的國家、企業、家庭馬上就無法週轉，全都出了問題。歐洲週邊國家面對金融市場流動性逐漸枯竭，各有症狀。這些症狀是逐漸出現的，最後累積成嚴重發病，造成歐元的危機。逐漸出現的症狀詳列如下：

- 二〇〇七年八月，法國國家銀行關閉三支基金，因為它們有大量的美國房地產次貸曝險，又無法在美國的次貸金融市場找到任何流動性，因此被關閉。
- 同年九月，英國的地區性不動產信貸公司北石（North Rock），因為找不到任何流動性，必須向英格蘭銀行獲得特別融資，民眾因此開始擠兌該公司的銀行部門。次年二月，英國將該公司國有化，以免擠兌擴及其他銀行及非銀行金融公司。
- 二〇〇八年九月，美國的雷曼兄弟公司宣告破產，原因也是無法拆借到任何貸款，歐元國家的金融機構對雷曼公司的曝險所在多有。

- 二〇〇八年九月，愛爾蘭政府宣佈政府承諾支付六家愛爾蘭銀行及一家外國銀行的負債。
- 同年十月，英國必須救助三家銀行——蘇格蘭銀行、哈利法克斯蘇格蘭銀行（Halifax Bank of Scotland）、勞埃德銀行。原因也是一樣。這三家銀行無法向銀行同業拆借到任何貸款，如果英國政府不出手援助，英國銀行業恐怕會崩潰。
- 二〇〇八年九到十一月，冰島雖不是歐元國家，但它最大的三家銀行無法找到銀行同業拆款，只得破產。這三家銀行因為在英國及荷比盧三國積極吸收民間存款，因此負債更高。冰島是小國，這三家銀行的負債是冰島國內生產總值的十倍，因此沒有資源救這三家銀行。

• 匈牙利和拉脫維亞到二〇一四年才加入歐元區，金融危機發生時都有自己的貨幣。這兩國有大量的外幣負債，匈牙利的外債主要是瑞士法郎；拉脫維亞的外債主要是瑞典克朗。在危機前，這兩國可從歐洲金融市場以低利率融資。當國際金融市場流動性枯竭，這兩個國家就很難取得外幣貸款，還債馬上發生問題。本國貨幣對外幣相對貶值，匈牙利的家庭償還債務越來越困難；拉脫維亞維持了它的貨幣價值，但是國內的流動性面臨枯竭，因為老百姓將本國貨幣兌換成外幣，以求保值。二〇〇八年十一月、十二月，國際貨幣基金會分別對匈牙利、拉脫維亞伸出援手。以免危機蔓延到北歐及中歐。

• 二〇〇八年十月，外國投資人大量出脫希臘的主權債券，這是因為希臘的政府會計制度非常糟糕。當歐洲統計局（Eurostat）開始整理希臘的政府會計時，發現希臘虛報了它二〇〇七年的預算赤字，而且不斷發現作假資料。二〇〇九年一月，標準普爾信用評等公司（Standard and Poor' s）調降希臘主權債信評等，希臘主權公債開始一路跌價，因此無法在金融市場上獲得任何資金。到了二〇一〇年三月，希臘接近破產邊緣。

• 塞浦路斯的銀行一直有問題，和國內生產總值相比，塞國銀行規模大得過分。但最嚴重的是，塞國兩家最大銀行持有大量希臘發行的公債，希臘出了問題，塞浦路斯也跟著出問題。

• 二〇一一年七月，義大利出現問題。義大利雖然在歐洲主權公債市場上發行大量政府公債，約兩兆歐元，但是它主權債信良好，政府財政也有盈餘；義大利的銀行也沒有在歐洲金融市場上過度貸款，或是借錢給他國。

二〇〇七年國際金融危機發生前，義大利的貿易經常帳都小有順差，或是小有逆差，占義大利國內生產總值的比例很小。義大利的問題出自它的公司在歐洲金融市場上有大量借款，這些借款在低利時代沒有問題，但金融危機一來，義大利的公司就沒有便宜資金可貸了。

義大利的工業生產力不夠，因此失去便宜資金，就沒了競爭力。結果是國際收支逆差上升、國內經濟衰退、失業上升，這又影響了金融市場對義大利主權公債的看法。

市場參與者開始逃離義大利主權公債，從二〇一一年七到九月就逃了一千零九十億歐元。義大利的中小企業幾乎找不到任何資金，情況越來越嚴重。

• 西班牙的狀況又不同，它的政府債務占國內生產總值的比例很低，大銀行體質也很健全。其問題出在區域銀行貸款及房地產價格過度膨脹，國際金融危機爆發後，房地產泡沫化導致區域銀行壞帳增加、建築業大量裁員、經濟快速衰退、政府財政收支也快速惡化。為了救區域銀行，西班牙政府把銀行債務變成了國家債務。

• 葡萄牙的問題是二〇〇七年以前，經濟成長就已停滯多時，加上兩個大銀行體質非常差，引起金融市場的疑慮。

上述國家中，希臘、愛爾蘭、塞浦路斯、西班牙、葡萄牙都使用歐元，需要國際貨幣基金、歐洲有錢國家及歐洲金融組織的紓困，要不就得破產。它們接受的紓困金額達四千八百二十億歐元，其中希臘就占了二千三百一十億，是希臘國內生產總值的百分之四十三。[4] 上述不用歐元的國家如匈牙利、拉脫維亞、冰島，也都靠國際貨幣基金的紓困才能過關，紓困額度分別為一百五十七億美元、二十四億美元及五十一億美元。

這些紓困來得緩慢，大多時候進兩步退一步，金額也不如金融市場的預期，因此細縫變成裂縫、裂縫變成大洞。[5] 北歐國家尤其是德國，認為南邊國家根本入不敷出地過好日子，出了問題卻要北邊國家救援，因此紓困給的心不甘、情不願；南邊國家埋怨北邊國家只出口不進口，以鄰為壑，占盡便宜，現在還賣乖。這種「北方聖人、南方罪人」的論述，大大影響了紓困的速度及幅度。[6] 紓困又因為要求接受國要緊縮，負擔國際收支調適大部分的成本，因此接受國政治動盪，這又引起了金融市場對解決歐元危機的疑慮。

眼看如此，二〇一二年七月，歐洲中央銀行主席馬利歐．戴吉（Mario Draghi）在演講中說「不管任何代價」都要維持歐洲金融市場穩定，這才讓市場逐漸恢復信心。但也要到二〇一五年，歐洲金融市場才真正穩定下來。歐元危機後，歐洲的經濟成長緩慢，遠遜於美國。

為何解決歐元危機這麼曠日費時？這是因為歐元的政治基礎有先天不足之

處。第一個不足之處是意識形態；第二，歐元區只是貨幣聯盟，不是財政聯盟；第三，它也不是金融聯盟。先說意識形態，在談判馬斯垂克條約時，德、法兩國對於要成立的經濟及貨幣聯盟看法大相逕庭。

德國認為一切都以規則為準，訂好了規則，各國自行遵守。也就是各國在規則之下，各掃門前雪，自己有事自己當。如此，經濟及貨幣聯盟自然平穩上路。

法國則認為經濟及貨幣聯盟應該有相當彈性，讓各國國內政治在聯盟內有些操作空間；[7] 把政治綁死，聯盟反而難搞。再加上每個參與國對傳統的國家主權觀念都揮之不去，把貨幣主權上繳經濟及貨幣聯盟頗有疑慮。馬斯垂克條約因此對經濟及貨幣聯盟的治理原則採取典型的外交做法——含混其詞，一歐各表，讓每個國家可以同意不同意。

歐元危機發生時，意識形態之爭馬上浮現。德國當然認為發生危機的國家不按規則清理門戶，出了事就要德國出錢紓困，實在豈有此理；北歐國家也多半持這個想法。

另外一方面，當「目標二」歐元區的清算機制（TARGET2）清楚顯示資金從邊緣國家流向德國，德國還不紓困讓資本回流，要邊緣國家靠緊縮政策平衡國際收支，簡直就是不負國際責任，不顧貨幣主權共享下，大國也有它的國際義務。

在商及紓困方案時，這種意識形態的政策爭論一直出現，提出的紓困方案總是比市場期望慢半拍、少一截。因此歐元危機一開始蔓延，就遲遲難以收場。[8]

其次，歐元區不是個財政聯盟，因此無法自動協調各國的經濟政策。歐元國家共用一種貨幣後，就沒辦法再用貨幣政策調節經濟了，它們剩下的工具就是財政政策。財政政策牽涉到收稅、預算、支出，如果歐元國家再把財政政策上繳給經濟及貨幣聯盟，各國政府就沒有工具可以管理經濟。更何況把財政政策上繳給聯盟，各國只有看德國的臉色。

德國願意透過財政聯盟擴張經濟，各國便搭便車，跟著吃香喝辣；如果德國要緊縮經濟，各國只好喝西北風。偏偏德國的經濟發展是個緊縮模式，壓低工資以出口帶動成長。也就是說，各國喝西北風的機會比吃香喝辣的機會多，因此各國很難協調財政政策。[9]各國最重要的財政工具，就是發行的歐元公債。

另一方面，歐元使用國之間的匯率波動為零，市場無法投機歐元，但是可以投機不同國家的歐元公債，例如義大利發行的歐元公債利率，通常比德國的歐元公債利率高百分之三至五。如果市場大量放空義大利發行的歐元公債，就會導致義大利發行的歐元公債利率大幅升高，造成義大利經濟衰退，還可能進而波及其他經濟較差歐元國家，釀成歐元危機。

歐元是大家的歐元，但有各家的歐元公債，出了問題，沒有一家會為它負責。沒有國家會當最後貸款人，沒有國家會帶頭收爛攤，因此 Benjamin Cohen 說「歐元是個沒有國家的貨幣」。[10]

就財政聯盟來看，歐元的弱點和美元一比較，就更清楚了。美元背後是五十個州的財政聯盟，這個財政聯盟有如下特點：第一、聯邦政府和州之間有財政轉移；第二、各州有預算上的限制；第三、聯邦政府不會特別紓困給財務困難的州。

第一點提供了穩定的調節閥，經濟好時，各州繳到聯邦政府的稅款增多；經濟壞時，聯邦政府可以透過失業救助、社會福利支出、減少各州繳給聯邦政府的稅款，把錢送回各州，而且情況越糟的州能得到的聯邦回饋就越多。第二點涉及各州的稅收、公債發行、預算、支出，各州也都有其自己的限制。第三點則使各州不能有恃無恐地支出，就等著情況不妙時，有聯邦政府可以倚靠，因為聯邦政府大可以讓花費過度的州破產重組，這是財政聯邦制度的精髓。[11] 因此當美元有危機時，例如二〇〇七開始的次貸危機，美國政府可以透過財政及金融手段迅速反應；歐元區就做不到這點。

學者凱薩琳．麥納馬拉（Kathleen McNamara）說得很精確，每個貨幣都要鑲嵌在該國的政治、社會及心理框架之中；沒有這種鑲嵌，貨幣的運作就會碰到很大困難。歐元區是一種貨幣、多種鑲嵌，容易發生危機；有了危機，對策也慢。[12]

第三，歐元區不是個金融聯盟，也影響到歐元危機的解決，歐元區金融監管仍操在各國手上。歐元國家知道如果金融監管由聯盟層級來執行，不僅各國的信貸網絡、金融機構會受到影響，甚至投資行為、勞退基金等也會受到影響。這對各國茲事體大，能不動就不動。更重要的是，各國銀行可以幫助該國在歐洲金融市場取得信用，這對該國的財政至為重要。

歐元國家沒有共同的監管機構，各國銀行又良莠不齊，銀行又是跨國營運，因此很容易從流動性風險變成金融機構風險。國家為了救自己國家的銀行，只好吸收銀行壞帳，歐元危機就從國際收支問題變成金融機構危機，再變成主權債務危機。

另外，歐元地區各國的中央銀行各管各的，歐洲中央銀行的正式任務是管理歐元，不管理金融機構，歐元區也沒有建立最後貸款人制度。如果是一貨幣一政府，金融機構出了問題，該國中央銀行就要把錢拿出來解決問題，也就是最後貸款人。歐元區危機一來，紓困需要錢，沒有最後把錢掏出來的機構，錢從何來就得大家商量。回到前面所說的紓困方案總是慢半拍、少一截，市場越來越緊張，危機就層出不窮。

從貨幣的六個功能來看，歐元雖然是全球第二大貨幣，但是因為它的政治基礎不結實，危機來時，歐元區很難應付。歐元危機從二〇一五年開始平息，可是危機並沒改變歐元的政治基礎。主觀上，歐元區的國家完全無意和美元爭鋒；[13]就算歐洲國家想和美元一爭長短，以歐元區現在的政治基礎，歐元根本無力挑戰美元的霸權地位。

人民幣對美元的挑戰[14]

二〇〇九年三月二十三日，在赴倫敦召開的二十國峰會途中，中國人民銀行行長周小川做了一場演講，主題是國際貨幣制度必須要改革以美元為中心的制度；[15]三月二十七日，中國國務院副總理王岐山投書英國泰晤士報，呼應周小川的觀點。[16]這是人民幣國際化的起身砲，[17]中國到底有什麼動機將它的貨幣國際化？首先，減少美元在國際貨幣制度的份量，可以減少中國對美元的曝險。其次，人民幣國際化可以給中國帶來很多商業利益，例如國際貿易如果用人民幣交易，可以減少匯兌風險；中國的金融機構也可在人民幣與外幣的外匯市場中獲利。人民幣如果是重要的外匯存底貨幣，中國官方對外匯市場的干預更有力量。第三，國際化的人民幣可以視為對中國國內金融的「特洛伊木馬」，讓國際化的人民幣把金融紀律注入國內金融市場。這個由外而內的邏輯，和朱鎔基在二〇〇一年十二月把中國帶入世貿組織的邏輯是一樣的。當然在官方文件找中不到這個「特洛伊木馬」的動機，只能意會，不能言傳。[18]

華爾街日報也持這種看法，該報認為人民幣國際化表面看起來很民族主義，讓人無法反對；骨子裡卻是自由主義，要把市場紀律帶入中國的金融體系。[19]第四個動機就是地緣政治的考量，中國要挑戰美國霸權，一定要先對付美元霸權；[20]人民幣國際化可以減少美元的使用。

中國有動機挑戰美元，也有做法。它的做法是漸進的，迄今為止已做到了下面幾個大項，細目我就不列舉了：[21]

- 二〇〇七年創設「港點債券」，准許中國開發銀行在香港發行人民幣的債券，限定外國機構購買；二〇〇九年擴大港點債券，准許香港的銀行發行；二〇一〇年又開始在中國擴大試點。
- 和多個國家簽訂貨幣交換（currency swap）協定，成立境外人民幣市場。
- 二〇一三年，成立上海自由貿易區，作為中國境內金融改革的試點。

- 二〇一四年，開通上海及香港的股市，稱為滬港通。
- 二〇一五年，建立「人民幣跨境支付系統」；這個系統不但和環球銀行金融電信協會一樣，有匯兌通訊的功能，還有清算支付的功能。
- 二〇一六年，開放跨境融資。
- 二〇一九年開始逐漸鬆綁合格外國投資法人，（Qualified Foreign Institutional Investors，QFII）及人民幣合格外國投資法人（RMB RQFII），逐步開放外資在中國股市、債市的參與。
- 和二十三個國家及地區的銀行簽訂清算境外人民幣協定。
- 在推動「一帶一路」時，中國不僅只是建公路、鋪鐵路、築港口，它也在受援國家建立金融基礎建設，幫助成立資本市場，和中國的金融基礎建設連接起來。[22]

中國對人民幣國際化有想法、有做法，但是和美元比較起來，還是差了一截：

- 如圖 4-1 所示，在現貨外匯市場交易上，美元占二百分之八十八，人民幣占二百分之七。[23]
- 二〇二二年第一季，世界外匯存底總量的的百分之五十八．八八存在美元，百分之二．八八存在人民幣。[24]
- 二〇二二年十月，根據環球銀行金融電信協會對全球支付使用各項貨幣的統計，美元占全球支付的百分之四十二．〇五，人民幣占百分之二．一三。[25]
- 二〇二二年，國際貿易開列的信用狀中，用人民幣開列的僅占百分之一．九二，用美元開列的為百分之八十七．三八。[26]

• 根據二〇二二年六月的統計，美國政府發行公債量為三．九兆美元，中國占了九千六百七十八億，約占美國公債量的四分之一，位居世界第二，僅次於日本。[27]美國債券市場還發行公司債，以及美國房地產抵押貸款為底的債券。中國應該也有購買這些債券，因為這些債券的殖利率比財政部公債高，流動性也很好。但是我們沒有中國在這類債券購買額度的資料。

從二〇〇九年周小川的演講開始，人民幣國際化一直往前，但近年來速度放慢。這有三個原因：

首先，中國從一九七九年改革開放以來，在經濟上一直打順手球，締造了人類歷史上最長久的高經濟成長紀錄；近年來，經濟成長速度放緩。隨著經濟體量變大，經濟也越來越複雜，增加了經濟管理的困難。中國當局不是不知道這種情況，只是拿不出有效辦法。例如，為了肆應二〇〇七年開始的全球金融危機，中國投注四兆人民幣進入其經濟，此舉雖然維持了經濟高度成長（二〇〇九年達百分之八．七，次年達百分之十．四），但也造成了高負債、管理不實。[28]

二〇一六年五月九日，人民日報頭版刊出了以「權威人士」署名的文章「開局首季問大勢」，[29]這篇文章針砭中國經濟，說明政府要做到「去產能、去槓桿、去庫存、降成本、補短板」，可是知易行難，六年過去了，中國經濟卻是反向作為。房地產在二〇二一年開始泡沫化，政府、公司，家庭都負債嚴重。中國面對的問題包括內部債務嚴重、資產泡沫化、失業率偏高、人口老化，都是結構性的，看來很難解決。疫情清零政策對經濟活動更是雪上加霜，因此中國有可能走上日本一九九〇年代以來成長停滯的路。[30]一個國家如果讓市場認為經濟出了問題，它的貨幣對市場就沒那麼大的吸引力。[31]

其次，中國的經濟發展模式和先前的日本及亞洲四小龍一樣，都是採外銷帶動經濟成長。中國因此累積了大量外匯存底。迄二〇二二年七月，計有三．二八兆美元，世界第一，[32]是第二名日本的二．五倍。第三章提到美元在第二次世界大戰後成為世界最重要的貨幣，這是因為美國用外貿逆差、援外計畫、國外駐軍及開放的國際收支資本帳等方式，把美元「送」到他國使用。中國是全世界第一大出口國、第三大的貿易順差國，再加上資本帳控制，[33]人民幣沒法被「送」出國外，讓他國持有使用。[34]

人民幣如果要取代美元，就表示國際貿易的結構都要改變——美國不會再吸收這麼多進口貨，中國不能再靠大量出口維持經濟成長。[35]現在，據估計中國還將三分之一的外匯存在美國政府公債上，繼續助長美元霸權。

第三，回到貨幣的政治基礎，英鎊、美元能爬上霸權地位都是先從奠定政治基礎開始。歐元無法取代美元，也是因為政治基礎的問題。政治基礎確定市場最需要的法治、財產權的保障、公平透明的交易秩序、有效的政府監管。

中國的市場，不管是股市、債市、房地產市場，都是以黨為中心的政治經濟體做為其政治基礎。當國家經濟還有許多潛力沒被動員起來，這個政治經濟體很有效，精明能幹的政治、經濟精英可以不受約制地往前衝，達到政策目標。但這個政治經濟體有嚴重的副作用，它會產生貪污，扭曲市場最需要的公平交易機制。因此中國金融市場雖然看起來十分蓬勃，但資金分配扭曲，總體經濟效率就打了折扣。

此外，官員升遷要看任內經濟政蹟，因此官員有動機擴張信用。[36] 地方政府的融資平台用土地作為抵押，向金融機構借貸；金融機構認為地方政府不可能破產，因為上級政府不會坐視，也願意貸款給地方政府。借貸雙方都有恃無恐，信用得以快速增加。

國營企業因為被要求做大做好，銀行有責任提供政策貸款，雙方也是有恃無恐。國營企業的貸款利率就遠低於民營企業的貸款利率，但在效率及僱用人數上，國營企業卻遠低於民營企業。以共產黨為中心的政治經濟體，主導了中國式的資本主義機制，[37] 這個體制採取金融壓抑追求經濟成長，資金分配跟政治決定相關，因此很難有民主國家資本市場的高效率。[38]

用經濟學家艾肯格林的話來說，人民幣後面有太多的國家（干預）。[39] 政府的限制、市場的扭曲、對財產權缺乏明確保障，[40] 降低了外資留在中國金融市場的意願。中國公司債市的規模已經快達到美國公司債市的規模了，為九·四兆美元對上九·七兆美元，[41] 但中國的公司債債市主要由中國的金融機構參與其間，外資只占了百分之五；美國的公司債市卻是個世界市場。外國資金不願大量駐留中國的資本市場，表示人民幣很難和美元爭霸。

結論

在歐元問世前，許多觀察家尤其是經濟學家，認為西歐國家在經濟發展、政治體制、法律制度上都大致類似，因此很自然是個「最適通貨區」（optimum currency area,）。也就是這些國家如果用一種貨幣，可以把經濟效率提升到最高點。布列敦森林體制的固定匯率結束後，歐洲國家的貨幣頗受匯率波動之苦，因此用共同貨幣確實有吸引力。再加上德法兩大國力挺，歐元因而出線。但是歐元國家實在不是最適通貨區，成員國之間經濟差異頗大，成員國的國家主權意識遠超過歐洲主權意識，因此無法協調各國的財政政策，也無法協調各國的銀行監理政策。有貨幣聯盟，但沒有財政聯盟，也沒有金融監理聯盟，歐元國家在歐元發生了危機，很難迅速反應；歐元一動盪，就是八年。一種貨幣背後沒有可以主其事的國家，歐元因此很難和美元一爭高下。

中國是全球第二大經濟體，政府有野心、也有國際化人民幣的作為。但是三個問題橫在人民幣國際化前面：大量累積的國內債務、經濟發展以外銷拉動、政府對市場的干預。資本市場認為中國經濟管理能力面對日益複雜的經濟，可能無法讓經濟再高速發展。大量的貿易順差使中國很難把人民幣「送」到他國手中使用，政府的角色在市場運作上過重，人民幣背後有太多國家看的見的手。這些問題使人民幣也很難和美元爭鋒。

歐元及人民幣在政治基礎上不及美元。沒有其他貨幣和美元爭鋒，美元仍是霸權貨幣。

第六章　美元霸權的未來

馬克吐溫有句幽默話：「說我死掉的消息實在言過其實了。」這話也適用於美元。從一九五〇年代末、到一九七一年美國退出布列敦森林的固定匯率制度、一九七〇年代的高通貨膨脹、二〇〇〇年的股市崩盤、乃至二〇〇七年開始的次貸危機，認為美元霸權走到盡頭的人所在多有。到了現在二〇二二年，美元仍然一枝獨秀（第三章），是美國國際政治上的利器（第四章），別的貨幣很難和它匹敵（第五章）。但這並不表示美元就千秋萬世，一統江湖了。美元霸權還是有潛在的風險，我認為這些風險依次是科技創新、中國鈍化美元的作為，以及美國的國內政治。

對美元霸權最具潛在威脅的是科技創新，例如分散式帳本技術（Distributed

Ledger Technology）或是區塊鏈。新科技使國家壟斷的貨幣發行變成了個體戶的事業，從二〇〇九年一月比特幣上市，就有多種加密貨幣出籠，很快吸引了主要國家監管機構的注意。只是這些加密貨幣價格起伏太大，例如比特幣每日平均波動可達百分之十，很難作為交易或儲值用，因此對現有的國家貨幣體系威脅還不太大。

為了對付加密貨幣的過度波動，市場又出現了「平穩貨幣」（Stablecoins）。平穩貨幣也是加密貨幣的一種，但是平穩貨幣會用國家發行的貨幣，例如美元、歐元或是黃金，再加上其他加密貨幣作為「外匯存底」，再用演算法控制供需，以達到平穩貨幣的目標。

二〇一七年，臉書提出要發行自己的平穩貨幣（Libra，後來改稱 Diem），它的「外匯存底」至少有百分之五十以上是美元，另外再加上其他貨幣。臉書如果真發行了它的平穩貨幣，對國際貨幣體系衝擊會非常大。

第一，按資本額計算，臉書是二〇二二年全球第八大公司，[1] 全球有三分之一的人口用臉書，因此臉書平穩貨幣只要一上市，立刻會有經濟規模及幅度。第二，加密貨幣影響最大的，是它大幅簡化支付體系，金融交易不必經過一大堆中間機構。讀者可以用谷歌搜尋一下信用卡支付清算的流程，就可以很快了解這些中間機構何在。大幅簡化支付體系會對美國主導的金融基礎結構造成巨大衝擊。第三，各國的金融管理是主權很重要的一部分，[2]要管理臉書平穩貨幣需要高度的國際合作；可是臉書平穩貨幣如果上市，它被接受的速度會遠超過國際監管合作的速度，有可能造成國際金融混亂。在政治壓力下，臉書在二〇二〇年提出它發行平穩貨幣的第二號白皮書，大幅降低了發行野心。[3]最新的發展是臉書平穩貨幣已無疾而終，[4]但是未來仍有可能復活。

將來的科技發展加上金融創意，只要有適當條件，新的跨境平穩貨幣就會出現，會成長，也會給美元霸權帶來很大的挑戰。這些適當條件包括國內政治支持、國際合作的可能性、國際監管的設計、法律及制度的更新等。

中國的作為是第二個對美元霸權的潛在威脅。如果美國對中國實施金融制裁，會給中國帶來經濟風暴。如第四章所說，這些金融制裁可能包括把中國的銀行排出環球銀行金融電信協會之外、不許中國公司在西方資本市場上籌資、不許美資進入中國資本市場，或是使用二級制裁不許第三國外資進入中國資本市場，甚至要求已在中國的投資撤資。

為了地緣戰略利益，中國必須降低美國金融制裁的影響。[5] 對此，中國有五個防衛：第一，建立跨境銀行間支付清算有限責任公司（CIPS，Cross-border Interbank Payment System），作為如果被踢出環球銀行金融電信協會的備胎；第二，在國際、國內推廣使用銀聯卡（UnionPay），作為如果被踢出美國信用卡網絡的備胎；第三，繼續人民幣國際化；第四，發展中國人民銀行的加密貨幣——數字人民幣；第五，加購黃金。

中國鈍化美元霸權的第一個防衛，是「人民幣跨境支付系統」。中國人民銀行在二〇一五年建立的這個系統，有像環球銀行金融電信協會一樣的銀行通訊功能，也有像美國聯準會銀行間清算支付系統一樣的清算支付功能，結構完全仿照美國聯準會系統。組織上它是一家公司，總部設在上海，由中國人民銀行監督。人民幣跨境支付系統營運境內及境外的人民幣交易，直接參加這個系統的有七十六家銀行，間接參加的有一千二百六十五家銀行。[6]

環球銀行金融電信協會在二〇一九年設立中國分支，和人民幣跨境支付系統合作，系統的會員可以用中國的系統通訊，也可用環球銀行金融電信協會通訊。據估計，二〇二二年中國系統的銀行會員執行的支付，有百分之八十仍是用環球銀行金融電信協會用通訊，沒有使用人民幣跨境支付系統的通訊。迄二〇二二年三月，中國系統比起美國系統[7]在銀行參與家數（一千二百六十五家比一萬一千家）、每日交易筆數比例（一比四十）、每日交易金額（約值四百五十六億美元的人民幣交易比一．八兆美元）還差得遠。

人民幣跨境支付系統最大的挑戰，是它沒有辦法吸引到足夠的金融業者使用人民幣，因為人民幣還不夠國際化。但是這個支付清算系統仍有極重要的戰略意義。如果中國被踢出環球銀行金融電信協會，中國及其他被制裁的國家，還有一些不願參與制裁的國家，可以有個現成的退路。中國還是會受傷，但是它可以鈍化美國的制裁，讓受傷不至於太嚴重。

中國的第二個防衛是銀聯卡，銀聯卡在二〇〇二年上市；二〇一四年俄羅斯吞併烏克蘭的克里米亞半島後，中國加緊推行銀聯卡的使用。銀聯卡和美國三大信用卡公司簽約，只要能用這三家公司信用卡的地方，也能用銀聯卡。根據銀聯卡網站，現在全世界有超過一百八十個國家接受銀聯卡。銀聯卡消費主要在中國境內，走向國際還是要和主要信用卡公司簽約，成為主要信用卡公司的加盟店，才能走出去。

如果在美國制裁之下，美國主要信用卡公司撤出中國或是中止與銀聯卡的國際合作，銀聯卡至少還能穩住中國的市場，或是一些國外商家繼續用銀聯卡，減輕信用卡制裁的影響。二〇二二年二月，俄羅斯入侵烏克蘭，美國的大信用卡公司自願退出俄羅斯市場，俄羅斯的信用卡「世界和平」完全沒有招架之力。銀聯卡比「世界和平」強的多，表示中國如果受到信用卡退出的制裁，情況一定會比俄羅斯好。

中國第三個防衛是繼續一點一點地將人民幣國際化，能做多少算多少。亞投行給給一帶一路各項計畫的貸款會儘量以人民幣為主；儘量要求外國在購買大宗物資時，接受以人民幣報價及支付，例如和沙烏地阿拉伯協定中國購買的石油以人民幣報價支付；[8]鼓勵被美國金融制裁的國家如伊朗、俄羅斯、北韓、委內瑞拉等，以及不加入美國金融制裁的國家如印度，使用人民幣支付，或是作為外匯存底。例如俄羅斯在二〇二二年被制裁後，轉了價值七百億美元的外匯存底到人民幣上；中國也逐漸開放外資參與大陸的股市及債市。中國的經濟體量夠大，也能提供很多貨品，因此外國不至於手上抓了一大把人民幣，卻沒有東西可買。

中國第四個防衛是發展數字人民幣。臉書的跨國平穩加密貨幣的構想，使很多已開發國家的中央銀行有了警覺，因為平穩貨幣有「外匯存底」，這些外匯存底會和現在的國際貨幣金融體系連動；平穩貨幣一定會有金融風險，[9]會傳染到現行的國際貨幣金融體系。

有了警覺的各國中央銀行，開始研究中央銀行加密貨幣的可能性，這方面走在最前沿的是中國人民銀行。中國人民銀行認為臉書的平穩貨幣以百分之五十以上的美元作為其外匯存底，如果發展起來，會幫美元霸權為虎作倀，以後國際貨幣體系不但要看美國臉色，還要再看一個美國公司的臉色。中國人民銀行因此加速了數字人民幣的研究及試驗。

當別國中央銀行還在對央行加密貨幣紙上談兵時，中國人民銀行已在深圳、蘇州、雄安新區、成都及二〇二二年冬季奧運會執行了實驗。數字人民幣的發展還是個進行式，尚未確定上市時間。在此我們必須了解數字人民幣的前景。

首先，數字人民幣完全和人民幣一樣，是以國家為後盾。它是國家唯一的法定貨幣，只是以加密方式呈現，中國因此禁掉了民間的加密貨幣。[10]數字人民幣可以繞過人民幣交易必須用到的支付清算系統，人民銀行可以對個人、公司或金融機構直接交易。數字人民幣比起一般人民幣更有交易效率，又因為人民銀行可以監控數字人民幣的交易，就可以細緻地了解貨幣經濟的運作，對政府來說數字人民幣也比人民幣有效率。

其次，因為中國的數位交易，如支付寶、微信支付已很發達，數字人民幣可以設計成直接和它們對接，也可以和其他數字貨幣錢包對接。數字人民幣只要上市，就可以在中國境內迅速達到規模經濟及幅度；數字人民幣也可以和人工智慧對接，應用非常廣泛。[11]

第三，現在中國官方說數字人民幣只在國內使用。未來如果別的國家接受使用數字人民幣，它們可以快速和中國境內的數字人民幣基礎建設直接掛鉤，再加上那時數字人民幣在中國境內已有經濟規模及幅度，數字人民幣可以很快形成人民幣貨幣圈，削弱美元霸權。當然別的國家是否採用數字人民幣，也得考量隱私權、網路安全、只有中國才能監看數字人民幣產生的大數據，以及國家安全等問題。

想用數字人民幣的國家也可能會擔心，前門除去了美元制裁，後門卻引進了人民幣制裁。但是數字人民幣的發展確實刺激了已開發國家的中央銀行，現在已有多個國家的中央銀行開始央行加密貨幣的研究。如果這些國家的中央銀行也正式發行了央行加密貨幣，繞過環球銀行金融電信協會及美國聯準會銀行間清算支付系統，國際貨幣體系就會去中心化。美元不再有霸權地位，只是諸多貨幣中的老大而已。

中國對美元霸權的第五個防衛是加購黃金。二〇二二年第三季，我們已經看到中國在國際市場上大量購入黃金。如果中國受到美國制裁，存在美國聯準會的美元外匯被凍結，放在自家的黃金就是最可靠的外匯存底。沒了美元，還有黃金可以保命。

綜上所述，中國的作為確實會對美元霸權產生潛在風險，但是中國的作為主要還是防禦性的，它只想降低美元制裁對中國的負面影響。要把美元霸權做掉，中國現在還沒有這個實力。

美國國內政治發展是第三個對美元霸權的潛在威脅，作為霸權有好處，但是也有成本，當然好處還是大過成本的。[12]問題是霸權全民共享，成本卻由個體負擔，這些個體包括個人、公司、產業、階級、地區、各州。全球需求美元，表示美元價格被高估，不利出口、有利進口。美國製造業不敵外國製造業，因此製造業外流，工人失業。美國開放的資本帳，以及長期累積的貿易赤字，能把美元「送」到國外，是美元霸權不可或缺的一部分。但貿易赤字也是美元霸權的痛腳。

另一方面，[13]選舉是向個體訴求，一票一票累積起來，才能當選。川普雖然是個滿身缺點的候選人，但是他的選舉戰略眼光獨到，充分利用了美國社會的貧富差距；他把白人的中低階層（我們）和全球化受益者（他們）對立起來，拿到了不滿現狀選民的選票。川普在二〇一六年當選美國總統，他的保護主義政策代表美國的內縮傾向。

川普連任失敗，並且不承認敗選，造成二〇二一年一月六暴民攻占國會阻止國會確認拜登勝選。川普仍然繼續影響共和黨，共和黨現在越來越傾向威權統治，美國政治變得不穩定。內縮政策再加上政治不穩定，美元霸權的政治基礎一定會被削弱，霸權就會動搖。

還有一種可能就是美國在經歷了暴民攻占國會後，政治仍能恢復以往的穩定。這在二〇二二年國會期中選舉後已可看出端倪。川普推薦的極端派共和黨候選人在大選時，多半鎩羽。暴民紛紛遭到起訴判刑。暴動的始作俑者川普，在好幾件案子上很可能面臨聯邦大陪審團的起訴。美國政治看來可以逐漸恢復穩定。但是美國也有可能受夠了維持美元霸權要付出的成本。這些成本包括貿易赤字帶來的製造業空洞化，以及聯邦赤字日益擴大，增加了政府、公司、家戶的負債，而影響到未來的競爭力。

美國有可能在政治穩定下，通過法案減少外國能購買的美元，也就是不讓外國持有這麼多的美元作為外匯存底。這可以用幾個方式達成，例如，降低資本帳的開放程度、或是對流動的資本課稅、或是限定外國購買美元債券。這些措施可以「拉」回美元，[14]減少美元霸權的威力。不過從現在看，這種可能性還很遙遠。

美元霸權因此有可能在政治不穩定的狀況下動搖，也可能在政治穩定的狀況下動搖。動搖不見得馬上就轟然倒下，因為國際經濟使用美元早就產生了慣性。

美元霸權如果衰退，其他貨幣的需求量就會逐漸上升。歐元、人民幣就有機會在國際貨幣的六個功能更上層樓。其他幾個中等貨幣，如英鎊，瑞士法郎、日元、加元、澳元，應該可以增加它們在貨幣功能上的份額。

回顧本書，展望未來，我認為：

- 貨幣霸權一定要有堅實的政治基礎。
- 貨幣霸權會產生很多咽喉要地，掌控這些咽喉要地可以施展強制性的國際政治權力。
- 不僅金融貨幣有咽喉要地，從電子科技、數據、農業、礦業、氣候變遷管理、水資源等其他領域，也有很多咽喉要地，都可在國際政治派上用場。[15]

- 美國科技大公司的數目及領域都執世界牛耳，因此美國能控制最多咽喉要地，但是並不是只有美國卡別國，別國就不能卡美國。咽喉要地有多種，因此看情況，美國或是它的盟邦也會被卡到。

- 美國和中國為了避免咽喉要地被對方卡到，正在研究相互脫鉤之道。歐盟則漸漸傾向美國立場。這兩個大國如何脫鉤，[16]對國際政治、國際經濟、兩岸關係都大有影響，例如美國在二〇二二年十月七日發佈對中國半導體業的制裁規範，要求只要是美國實體都不得和中國半導體公司交往。規範一出，在中國半導體公司工作的美國實體，尤其是中國半導體公司的領導階層，多人一夕離職，因為他們不願失去美國公民或綠卡。美國等於用了它的護照及綠卡作為咽喉要地，對中國半導體業實施制裁行動，扼制中國半導體業的發展。[17]美國發表這個政策後，習近平在二十大全國代表大會演講，認為中國科技一定要自力更生。大國競爭就是互卡，也要防別國卡自己。

• 要研究咽喉要地，就要綜合國際政治、供應鏈、科技發展及國際法。本書的主題「貨幣霸權」，其實可視作霸權國家貨幣的供應鏈，也就是英、美兩國怎麼設計把它們的貨幣供應給國際經濟。這個貨幣供應鏈自然會產生咽喉要地，霸權國家就可好好利用。研究咽喉要地，要從大處著眼；但小處著手時，國際法是很重要的。例如，一個台灣的電子公司，想把產品銷售到國際主要市場，它會碰到美國的制裁法律，也會碰到歐盟及中國阻擋美國制裁的規範；想將產品銷售到這三大市場，一定要同時做好這三個地方制裁法律的研究。這是跨學科的研究，不僅公司要做，也是任何想要追求「富」「強」的國家都該做的研究。

註釋

第一章

1. 本章係根據我以前發表的兩篇文章改寫的。何思因，〈金融體系與現代國家的建立：以英國與韓國為例〉，《政治學報》第 32 期，2001. 何思因，〈金融體系與國際競爭〉，《問題與研究》44:6, 2005. 作者謝謝這兩個刊物准予改寫。

2. 稱這時候四處征戰的領地為「國家」並不太對，嚴格說來，本節所寫的「英國」應該是「英格蘭」，但是這些領地已開始逐漸形成現代民族國家的規模。我在此稱國家形成時期的領地為國家，純是為了寫作方便。

3. Tilly, Charles, "War Making and State Making as Organized Crime," in Evans, Peter, Rueschemeyer, Dietrich, and Skocpol, Theda, eds., *Bringing the State Back In.* New York, NY: Cambridge University Press, 1985. pp.169-191.

4. 例見 Gabriel Ardant, "Financial Policy and Economic Infrastructure of Modern States and Nations," in Tilly, Charles, ed., *The Formation of National States in Western Europe.* Princeton, NJ: Princeton University Press, 1975. pp.164-242. Tilly, Charles, Coercion, Capital, and European States, AD 990-1990, 1st Edition. Cambridge, MA: Basil Blackwell, 1990. Tilly, Charles, The Contentious French. Cambridge, MA: the Belknap Press, 1986. esp. Chapter 7. North, Douglass C., and Thomas, Robert Paul, *The Rise of the Western World: A New Economic History.* New York, NY: Cambridge University Press, 1973.

5. Katzenstein, Peter J., ed., *Between Power and Plenty: Foreign Economic Policies of Advanced Industrial States.* Madison, WI: University of Wisconsin Press, 1978.

6. Viner, Jacob, "Power versus Plenty as Objectives of Foreign Policy in the Seventeenth and Eighteenth Centuries," *World Politics* 1:1, October 1948. pp.1-29. 富強也是中國從 19 世紀中葉開始最關心的事情。

7. 這幾個資料庫的綜合整理，見 Mansfield, Edward D., *Power, Trade, and War.* Princeton, NJ: Princeton University

Press, 1994. pp.34-70.

8. Ardant, Gabriel, Op.cit., 註 4. p.164.

9. Thomson, Janice E., *Mercenaries, Pirates, and Sovereign.* Princeton, NJ: Princeton University Press, 1994.

10. Ibid. p.29.

11. Tilly, Op.cit., 註 3.

12. Modelski, George, "The Long Cycle of Global Politics and the Nation-State," *Comparative Studies in Society and History* 20: 2, April 1978. pp.214-235. 以下所說民族國家都是演變而來的，荷蘭那時應稱為聯合省；英國應稱為英格蘭；德國應稱為普魯士。為了閱讀方便，我一概用讀者熟悉的現在國名。

13. Ekelund, Robert B. Jr., and Tollison, Robert D., *Politicized Economies.* College Station, TX: Texas A & M University Press, 1997. pp.124-153. Rasler, Karen A., and Thompson, William R., "Global Wars, Public Debts, and the Long Cycle," *World Politics* 35:4, July 1983. pp.489-516. North and Thomas, Op.cit., 註 4. pp.128-129.

14. Israel, Jonathan I., "A Conflict of Empires: Spain and the Netherlands 1618-1648," *Past and Present* 76:1, August 1977. pp.34-74.

15. 我用 Central Intelligence Agency The World Factbook http://www.cia.gov/cia/publications/factbook/geos/nl.html. 的現代資料作當時資料的估計值，這個粗糙的估計只是建立個概念。

16. ‘t Hart, Marjolein C., *The Making of a Bourgeois State: War, Politics, and Finance during the Dutch Revolt.* Manchester, UK: Manchester University Press, 1993.

17. ‘t Hart, Marjolein, C., Jonker, Joost, and van Zanden, Jan Luiten, eds., *A Financial History of the Netherlands.* Cambridge, UK: Cambridge University Press, 1997. Passim.

18. 荷蘭的利率在 1550 年時為 20-30%, 逐年降至 9-12%，到了十七世紀則低於 3%。North and Thomas, Op.cit., 註 4. p.142.

19. 政治對所有權的保障，對金融制度的發展非常重要。光榮革命之後，英格蘭仍有政治勢力意圖復闢，當時的金融市場反應了這種政治不穩定的情勢。Wells, John, and Wills, Douglas, "Revolution, Restoration, and Debt Repudiation: The Jacobite Threat to England's Institutions and Economic Growth," *Journal of Economy History* 60:2, June 2000. pp.418-441.

20. 研究英國當時金融體系發展最完整的書為 Dickson, P. G. M., *The Financial Revolution in England: A Study in the Development of Public Credit 1688-1756.* London: Routledge, 2017 (First Print 1967).

21. Brewer, John, *The Sinews of Power: War, Money, and the English State*, 1688-1783. New York, NY: Knopf, 1989.

22. Carruthers, Bruce G., *City of Capital. Princeton*, NJ: Princeton University Press, 1996.

23. Mathias, Peter, and O'Brien, Patrick, "Taxation in Britain and France, 1715-1810: A Comparison of Social and Economic Incidence of Taxes Collected for the Central Government," *Journal of European Economic History* 5:3, Winter 1976. p. 623, quoted in *Rasler and Thompson*, Op.cit., 註 13. p.485.

24. Carruthers, Op.cit., 註 22. pp.106-111. Root, Hilton L., *The Fountain of Privilege.* Berkeley, CA: University of California Press, 1994.

25. Rasler and Thompson, Op.cit., 註 13. pp.498-499.

26. Velde, Francois R. and Weir, David R., "The Financial Market and Government Debt Policy in France, 1746-1793," *Journal of Economic History* 52:1, March 1992. pp.1-39.

27. Schultz, Kenneth A., and Weingast, Barry R., "The Democratic Advantage: Institutional Foundations of Financial Power in International Competition," *International Organization* 57:1, Winter 2003. p.21.

28. Kindleberger, Charles P., *A Financial History of Western Europe, 2nd Edition*, New York, NY: Oxford University Press, 1993. pp.118-136.

29. James, Harold, "Monetary and Fiscal Unification in the Nineteenth-Century Germany: What Can Kohl Learn from Bismarck?" *Essays in International Finance*, No.202, March 1997. Princeton, NJ: Princeton University Department of Economics.

30. 這方面的經典之作為 North, Douglass C., *The Economic Growth of the United States 1790-1860.* New York, NY: W.W.

Norton, 1966.

31. 關於美元與美國霸權的關係見 Gilpin, Robert, *The Political Economy of International Relations Princeton,* NJ: Princeton University Press, 1987. pp.134-142. 至於金融與美國國際政治的關係見 Eric Helleiner, *States and the Reemergence of Global Finance.* Ithaca, NY: Cornell University Press, 1994.

32. Schultz and Weingast, Op.cit., 註 27 . pp.33-35.

33. Sussman, Nathan, and Yafeh, Yishay " Institutions, Reforms, and Country Risk: Lessons from Japanese Government Debt in the Meiji Era," *Journal of Economic History* 60:2, June 2000, p.450.

34. 黃仁宇，《萬曆十五年》。台北：食貨出版社，民國 83 年。該書原文為英文，Ray Huang, 1587, A Year of No Significance. New Haven, CT: Yale University Press, 1981. 以及黃仁宇，《十六世紀明代中國之財政與稅收》。台北：聯經出版公司，民國 90 年。原文亦為英文，Huang, Ray, *Taxation and Governmental Finance in sixteenth-Century Ming China*. New York, NY: Cambridge University Press, 1974.

35. 黃鑑暉，《日昇昌—中國的華爾街》。台北：實島社，民國 91 年。第 4 章。

36. 我認為有關重商主義最好的文獻檢討，包括了 Viner, Jacob, "English Theories of Foreign Trade before Adam Smith," *Journal of Political Economy* 38:3, June 1930, and 38:4, August 1930. Viner, Jacob, "Mercantilist Thought," in *The International Encyclopedia of the Social Sciences*, Vol. 4. New York, NY: Macmillan and the Free Press, 1968. pp.435-443. Coats, A.W. Bob, *On the History of Economic Thought*, Vol. I, 1st Edition. New York, NY: Routledge, 1992. pp.27-110. Magnusson, Lars, *Mercantilism: The Shaping of an Economic Language*. New York, NY: Routledge, 1994. Irwin, Douglas A., *Against the Tide. Princeton*, NJ: Princeton University Press, 1996. Chapter 2.

37. Coats, Ibid., p. 46.

38. 這個觀點最重要的學者為 Eli Heckscher, *Mercantilism*, 2nd Edition. London: George Allen and Unwin, 1955.

39. Anne O. Krueger, "The Political Economy of the Rent-Seeking Society," *American Economic Review* 64:3, June 1974. pp.291-303.

40. George J. Stigler 是 1982 年諾貝爾經濟學獎得主，研究政府規範對產業結構及市場競爭的影響。他曾把重商主義經濟學者對壟斷的看法和當代經學者的看法做一比較，見 George J. Stigler, "The Economists and the Problem of Monopoly," *The American Economic Review* 72, May, 1982. pp.1-11.

41. 當時法院附屬國王。皇室有特權法庭（royal prerogative court）可以推翻一般法法庭（common law court）所做的裁決或判例；以皇室特權之名所做的決定，悉出自皇室樞密院，因此皇室樞密院集行政、立法、司法三權於一身，得以規避國會所做的決定；法官由國王指派，法庭程序也完全由國王控制，因此其裁判通常有利皇權。

42. Ekelund and Tollison, Op.cit., 註 13 . p.49.

43. Ibid. pp.53-58.

44. Ibid. pp.58-62.

45. Ibid. pp.62-72.

46. Ibid. pp.71-72.

47. Ibid. pp.81-86.

48. North, Douglass C., and Weingast, Barry R., "Constitutions and Commitment: The Evolution of Institutions Governing Public Choice in Seventeenth-Century England," *Journal of Economic History* 49:4, December 1989. pp.809-810.

49. 查爾士一世及查爾士二世之間的二十年，英國陷於內戰，即清教徒革命。其原因和查爾士一世極力找錢以彌補財政赤字有關。查爾士二世在 1660 年復辟。

50. Carruthers, Op.cit., 註 22 . pp.56-71.

51. North and Weingast, Op.cit., 註 48 . pp.803-832.

52. Ekelund, and Tollison, Op.cit., 註 13 . pp.47-91.

53. North and Thomas, Op.cit., 註 4 . pp.120-122.

54. Root, Op.cit., 註24. pp.37-40.

55. Ekelund and Tollison, Op.cit., 註13. pp.92-123.

56. Root, Op.cit., 註24. p.24.

57. North and Thomas, Op.cit., 註4. p.126.

58. Potter, Mark "Good Offices: Intermediation by Corporate Bodies in Early Modern French Public Finance," *Journal of Economic History* 60:3, September 2000. pp.599-626.

59. Root, Op.cit., 註24. pp.172-178. . Sargent, Thomas J. and Velde, Francois R., "Macroeconomic Features of the French Revolution," *Journal of Political Economy* 103:3, June 1995. pp.474-518.

60. Weingast, Barry R., "The Economic Role of Political Institutions: Market-Preserving Federalism and Economic Development," *Journal of Law, Economics, and Organization* 11:1, April 1995. pp.1-31.

61. Qian, Yingyi, and Weingast, Barry R., "Federalism as a Commitment to Preserving Market Incentives," *Journal of Economic Perspectives* 11:4, Fall 1997. pp.83-92.

62. Powelson, John P., *Centuries of Economic Endeavor* (Ann Arbor, MI: University of Michigan Press, 1994). Deepak Lal 也做了類似的推論。見 Lal, Deepak, *Unintended Consequences*. Cambridge, MA: MIT Press, 1998.

63. Kindleberger, Charles P., *World Economic Primacy*: 1500-1990. New York, NY: Oxford University Press, 1996. pp.54-67, 83-104. Kindleberger, Charles P., *A Financial History of Western Europe, 2nd Edition.* New York, NY: Oxford University Press, 1993. 't Hart, Jonker, and van Zanden, Op.cit., . Oscar 註17. Gelderblom, Oscar, and Jonker, Joost, "Completing a Financial Revolution: The Finance of the Dutch East India Trade and the Rise of the Amsterdam Capital Market, 1595-1612," *Journal of Economic History* 64:5, September 2004. pp.641-672.

64. Carlos, Ann M., Key, Jennifer, and Dupree, Jill L., "Learning and the Creation of Stock-Market Institutions: Evidence from the Royal African and Hudson's Bay Companies, 1670-1700," *Journal of Economic History* 58:2, June 1998. pp.318-344.

65. Neal, Larry, "The Integration and Efficiency of the London and Amsterdam Stock Markets in the Eighteenth Century," *Journal of Economic History* 47:1, March 1987. pp.97-115. Neal, Larry, *The Rise of Financial Capitalism*. New York, NY: Cambridge University Press, 1990. Schubert, Eric S., "Innovations, Debts, and Bubbles: International Integration of Financial Markets in Western Europe, 1688-1720," *Journal of Economic History* 48:2, June 1988. pp.299-306. Israel, Jonathan I., ed., *The Anglo-Dutch Moment*. New York, NY: Cambridge University Press, 1991.

66. Dickson, Op.cit., 註20. pp.249-340.

67. Carruthers, Op.cit., 註22. pp.117, 122-127.

68. Ibid., p.127.

69. Dickson, Op.cit., 註20. pp.341-520.

70. Berman, Harold J., *Law and Revolution: The Formation of the Western Legal Tradition.* Cambridge, MA: Harvard University Press, 1983. pp.333-356.

71. 例如 Williams v. Williams, 1693; Bromwich v. Lloyd, 1698; Clerke v. Martin, 1702.

72. Ireland, Paddy, "Capitalism without Capitalist: The Joint Stock Company Share and the Emergence of the Modern Doctrine of Separate Corporate Personality," *Journal of Legal History* 17:1, April 1996. pp.40-72. Davies, Paul L., "History of Company Law to 1825," and "History of Company Law since 1825," in *Gower's Principles of Modern Company Law*. London: Sweet & Maxwell, 1997. pp. 18-48.

73. Micklethwait, John, and Wooldridge, Adrian, *The Company: A Short History of a Revolutionary Idea.* New York, NY: Modern Library, a division of Random House, 2003.

74. Ekelund, Jr., Robert B., and Tollison, Robert D., "Mercantilist Origins of the Corporation," *The Bell Journal of Economics* 11:2, Autumn 1980. pp.715-720.

75. Kindleberger, Charles P., *Manias, Panics, and Crashes: A History of Financial Crises, Revised Edition.* New York, NY: Basic Books, 1989. passim.

76. 有關東印度公司的興起可見 Chaudhuri, Kirti N., *The English East India Company.* London: Frank Cass & Co., Ltd., 1965.

77. Irwin, Douglas A., "Mercantilism as Strategic Trade Policy: The Anglo-Dutch Rivalry for the East India Trade," *Journal of Political Economy* 99:6, December 1991. pp.1296-1314. Irwin, Douglas A., "Strategic Trade Policy and Mercantilist Trade Rivalries," *American Economic Review* 82:2, May 1992. pp. 134-139.

78. Ekelund, and Tollison, Op.cit., 註 13 . pp.178-184.

79. Carruthers, Op.cit., 註 22 . pp.137-159.

80. Sutherland, Lucy S., "The East India Company in Eighteenth-Century Politics," *Economic History Review* 17:1, 1947. pp.15-26.

81. Webster, Anthony, "The Political Economy of Trade Liberalization: the East India Company Charter Act of 1813," *Economic History Review, 2nd ser.*, 43:3, August 1990. pp.404-419.

82. Baskin, Jonathan Barron, and Miranti, Jr., Paul J., *A History of Corporate Finance.* New York, NY: Cambridge University Press, 1997. pp.63-82.

83. Ibid. pp.83-88, 99-113.

84. Ibid. pp.113-122.

85. Ekelund and Tollison, Op.cit., 註 12 . pp.186-192. Carlos, Ann M., and Nicholas, Stephen, "Giants of an Earlier Capitalism: The Early Chartered Companies as an Analogue of the Modern Multinational," *Business History Review* 26:3, Autumn 1988. pp.398-419.

86. Carlos, Ann M., and Nicholas, Stephen, "Principal-Agent Problems in Early Trading Companies: A Tale of Two Firms," *Historical Perspectives on the Economics of Trade* 82:2, May 1992. pp.140-145.

87. Carlos, Ann M., and Nicholas, Stephen, "Agency Problems in Early Chartered Companies: The Case of the Hudson's Bay Company," *Journal of Economic History* 50:4, December 1990. pp.853-875; Carlos, Ann M., and Nicholas, Stephen,

"Theory and History: Seventeenth-Century Joint-Stock Chartered Trading Companies," *Journal of Economic History* 56:4, December 1996. pp.916-924.

88. Anderson, Gary M., and Tollison, Robert D., "Adam Smith's Analysis of Joint-Stock Companies," *Journal of Political Economy* 90:6, 1982. pp.1237-1256. Jones, Steve R.H., and Ville, Simon P., "Efficient Transactors or Rent-Seeking Monopolists? The Rationale for Early Chartered Trading Companies," *Journal of Economic History* 56:4, December 1996. pp.898-926.

89. Eichler, Maya, "Explaining Postcommunist Transformations: Economic Nationalism in Ukraine and Russia," in Helleiner, Eric, and Pickel, Andreas, eds., *Economic Nationalism in a Globalizing World.* Ithaca, New York: Cornell University Press, 2005. pp.69-87.

第一章

1. Quinn, Stephen, and Roberds, William, "Death of a Reserve Currency," *Federal Reserve Bank of Atlanta*, Working Paper 2014-17. September, 2014.

2. Wells, John and Wills, Douglas, "Revolution, Restoration, and Debt Repudiation: The Jacobite Threat to England's Institutions and Economic Growth," *Journal of Economic History* 60:2, June 2000. pp. 418-441.

3. 在光榮革命的前後，英國的公司已逐漸累積金融經驗，這種經驗累積和光榮革命的金融制度改革相輔相成。見 Carlos, Key, and Dupree, Op.cit., 第一章註64 . pp.318-344.

4. Carruthers, Op.cit., 第一章註22 . pp.137-159.

5. 交易和個人無關是個逐漸演變的趨勢。英國幾個重要的股票公司，在一開始都有政黨色彩，交易也都受到政治的影響，見 Carruthers, Op.cit., 第一章註22 . pp.137-208. 但時間久了，個人及政黨在交易中越來越趨無關了。

6. North and Weingast, Op.cit., 第一章註48 . pp. 822, 824.

7. Baskin, and Miranti, Jr., 第一章註82 . pp. 89-126.

8. Bordo, Michael D., and White, Eugene N., "A Tale of Two Currencies: British and French Finance during the

Napoleonic Wars," *Journal of Economic History* 51:2, June 1991. pp.303-316.

9. 英鎊與金本位的詳細演進，見 Feavearyear, A E., *The Pound Sterling: A History of English Money*, London: Oxford University Press, 1931. 簡要演進，見 Kindleberger, Op.cit., 第一章註 28 . pp. 57-73.

10. Redish, Angela, "The Evolution of the Gold Standard in England," *Journal of Economic History* 50:4, December 1990. pp. 789-805.

11. Whale, P. Barrett, "A Retrospective View of the Bank Charter Act," *Economica*, New Series, 11: 43, August, 1944. pp. 109-111. Helleiner, Eric, *The Making of National Money, Ithaca*, New York: Cornell University Press, 2003. Knafo, Samuel, "The Gold Standard and the Origins of the Modern International System," *Review of International Political Economy* 13:1, February, 2006. pp. 78-102.

12. 各國進入金本位制的時間，見 https://eh.net/encyclopedia/gold-standard/。奧匈帝國進入金本位的動機見 Yeager, Leland B., "The Image of the Gold Standard," in Bordo, Michael D., and Schwartz, Anna J., eds., *A Retrospective on the Classical Gold Standard,* 1821-1931, Chicago: University of Chicago Press, 1984. pp.651-670. 日本的動機，見 Mitchener, Kris James, Shizume, Masato, and Weidenmier, Marc D., "Why Did Countries Adopt the Gold Standard? Lessons from Japan," *NBER Working Paper* 15195, 2009.

13. Hume, David, " On the Balance of Trade," 1752.

14. 休姆寫這個論文，是要駁斥當時重商主義的基本信條。重商主義認為一個國家（A 國）黃金越多越好，可以讓國家更富更強。要累積黃金的方法，就是多出口、少進口（A 國有貿易順差）。和 A 國貿易的 B 國，因為出口少、進口多（B 國有貿易逆差），收進的黃金（出口所得）少於付出的黃金（購買進口貨），因此黃金會從 B 國流向 A 國。休姆的「價格—黃金流動」（price-specie-flow）理論，認為未必如此。假設 A 國累積了很多黃金，如果把 A 國的黃金用貨品（假設全世界只有一種貨品）來計價的話，黃金價值就相對降低，貨品價值相對升高。這時 A 國人民就會把黃金出口到 A 國的貿易對手國（B 國），因為這時 B 國的黃金價值比 A 國的黃金價值相對偏高。A 國人民可以用出口到 B 國的黃金，在 B 國買到更多的貨品。又因為 B 國的貨品價格會比 A 國相對偏低，B 國的人民就更有動機把貨品出口到 A 國（如上所述，A 國的貨品價值相對偏高）。A 國的貨品出口少了，B 國的貨品出口多了，貿易條件開始有利於 B 國，重商主義的 A 國就沒法繼續囤積黃金了。

15. 這些新加入因素（不只是黃金）對金本位制下國際收支平衡調整的影響，可見 Eichengreen, Barry, ed., *The Gold Standard in Theory and History*, 1st Edition. New York: Mathuen, 1985. Passim chapters 2-5.

16. 金子要外移，一定要加上保險費及運輸費等，加上了這些費用後，把金子移到國外還有得賺，金子就會外移，這個有賺頭的點就叫「金點」。

17. Bloomfield, Arthur I., "Monetary Policy under the International Gold Standard: 1880-1914," *Federal Reserve Bank of New York,* October, 1959, esp. p.49.

18. The Economist 在 1877 年就開始報導幾個大金融中心的金點。見 Eichengreen, Barry, and Flandreau, Marc, "Editors' Introduction," in Eichengreen, Barry, and Flandreau, Marc, eds., *The Gold Standard in Theory and History,* 2nd Edition. London: Routledge, 1997, pp.10-11.

19. Bordo, Michael D., and Kydland, Finn E., "The Gold Standard as a Rule: An Essay in Exploration," in *Explorations in Economic History* 32, October, 1995. pp.423-464.

20. Bordo, Michael D., and Rockoff, Hugh, "The Gold Standard as a Good House Keeping Seal of Approval," *NBER Working Paper* 5340, November 1995.

21. Kindleberger, Charles P., *The World in Depression*, 1929-1939. Berkeley, CA: University of California Press, 1973, p.292. 就實證來看，英國其實不是最後的貸款人，而是最後的借款人。1880-1913 年的幾個金融危機時，英國都是向他國，調了黃金頭寸才度過難關，尤其是法國和俄羅斯。別國願意借黃金給英國，也是為了自身利益。首先它們相信英國一定會還，其次如果英國金融垮掉的話，金本位制就崩潰了，自己也會受害很深。

22. Gilpin, Robert, *War and Change in World Politics*. New York, NY: Cambridge University Press, 1981. pp.138-139.

23. Cohen, Benjamin J., *Organizing the World' s Money*. New York: Basic Books, 1977. pp.81-82.

24. 引自 McCloskey, Donald N., and Zecher, J Richard, "How the Gold Standard Worked, 1880-1913," in *Eichengreen*, ed., Op.cit., 註 15 . p.64.

25. McCloskey and Zecher, Ibid. p.65.

26. Eichengreen, "Conducting the International Orchestra: Bank of England Leadership under the Classical Gold Standard," *Journal of International Money and Finance* 6:1, March 1987. pp.5-29.

27. 英鎊是當時各國央行外匯存底存的最多的貨幣（持有國家主要在北美、前屬英國殖民地的國家及英國殖民地），其次則是法郎（主要由俄羅斯持有），再其次則是馬克（主要由中、東歐的國家持有）。各貨幣的外匯存底分布見，Lindert, Peter H., "Key Currencies and Gold, 1900-1913," *Princeton Studies in International Finance,* No.24, 1969.

28. 例如英國與阿根廷的投資貿易關係。見 Ford, Alec G., "Notes on the Working of Gold Standard before 1914," in *Eichengreen*, ed., Op.cit., 註15. pp.141-165.

29. 引自 Walter, Andrew, *World Power and World Money*. London: Harvester Wheatsheaf, 1993. p.91.

30. 引自 Ibid. p.107.

31. Eichengreen, Barry, "Hegemonic Stability Theories of the International Monetary System," *NBER Working Paper* 2193, March 1987.

32. Frieden, Jeffry A., "The Dynamics of International Monetary Systems: International and Domestic Factors in the Rise, Reign, and Demise of the Classical Gold Standard." in *Eichengreen and Flandreau*, Op.cit., 註18. pp.150-163. 英國，法國及德國是金本位全盛時代最重要的國家，它們的國內政治和金本位息息相關，見 Broz, J. Lawrence, "The Domestic Politics of International Monetary Order: The Gold Standard," in Frieden, Jeffry A., Lake, David A., and Broz, J. Lawrence, eds., *International Political Economy: Perspectives on Global Power and Wealth*, 5th Edition. New York, NY: W. W. Norton & Company, 2009. pp.223-245.

33. 例見 Cain, Peter J., and Hopkins, Anthony G., "The Political Economy of British Expansion Overseas, 1750-1914," *Economic History Review* 33:4, November 1980. pp.463-490.

34. Kennedy, Paul, *The Rise and Fall of the Great Powers*, New York: Random House, 1987. Chapter 5, passim. Also, Kennedy, Paul, "Strategy vs. Finance in Twentieth-Century Great Britain," *International History Review* 3:1, January

1981. pp.44-61.

35. Bordo, Michael D., and White, Eugene N., Op.cit., 註 8 .

36. Viner, Jacob, "International Finance and Balance of Power Diplomacy, 1880-1914," *Political and Social Science Quarterly*, No.9, January 1928. pp.407-451.

37. 英國為保護其在印度及中東的利益，俄羅斯則想經過中東及印度進入印度洋出海口。見 Hopkirk, Peter, *The Great Game: The Struggle for Empire in Central Asia*. Singapore: Kodansha International, 1992.

38. McLean, David, "Finance and "Informal Empire" before the First World War," *Economic History Review* 29:2, May 1976. pp.291-305.

39. Lambert, Nicholas A., *Planning Armageddon*. Harvard University Press, 2012.

40. Walter, Op.cit., 註 29 . pp.127, 147.

41. Keynes, John Maynard, "The Economic Consequences of Mr. Churchill," July 1925. https://www.gold.org/sites/default/files/documents/1925jul.pdf.

42. 英國這個錯誤的決策，主要是因為當時所有的行家，包括中央銀行、私人銀行的銀行家、財政部官員、金融界、學者都學了「錯誤的」歷史教訓，也就是國際貨幣制度非要古典金本位不可。見 Viotti, Paul R., *The Dollar and National Security: The Monetary Component of Hard Power*. Palo Alto, California: Stanford University Press, 2014. pp.67-70. 凱因斯對邱吉爾的批評也有這個意思，他認為給邱吉爾提供建議的顧問群忽略了古典金本位與當前環境的落差。

43. Oye, Kenneth A., "The Sterling-Dollar-Franc Triangle: Monetary Diplomacy 1929-1937," *World Politics*, 38:1, October 1985. pp.173-199.

44. 1924 年，美國持有全世界黃金的 47%；法國是另一個持有大量黃金的國家，和美國一度合占世界黃金的 63%。這是因為法國的重商主義自近代歐洲開始，就非常濃厚。法國低估法郎幣值以取得貿易收支順差；其中央銀行力行囤積外匯存底，主要持有黃金和英鎊。見 Kindleberger, Op.cit., 第一章註 60 . Chapter 19, pp.335-352.

45. Eichengreen, Barry, "International Policy Coordination in Historical Perspective: A View from the Interwar Years," Buiter, Willem H., and Marston, Richard C., eds, *International Economic Policy Coordination*. London: Cambridge University Press, 1985. pp.139-183.

46. Kindleberger, Op.cit., 註 21 . Revised and Enlarged Edition, 1986. Chapter 14, passim.

47. Simmons, Beth A., *Who Adjusts: Domestic Sources of Foreign Economic Policy During the Interwar Years*. Princeton, NJ: Princeton University Press, 1994.

第三章

1. Organski, A.F.K., *World Politics, 2nd Edition*. New York, NY: Alfred A. Knopf, Inc., 1968.

2. Allison, Graham, *Destined for War: Can America and China Escape Thucydides Trap? Reprinted Edition.* Boston, MA: Mariner Books, 2018.

3. Morrison, Rodney J., "The London Monetary and Economic Conference of 1933: A Public Goods Analysis," *American Journal of Economics and Sociology* 52:3, July 1993. pp. 307-321.

4.這個咨文中，羅斯福也列舉了民主的好處，包括經濟機會，就業，社會保障及醫療保健。解決這些國內經濟問題是羅斯福「新政」的首要之務。

5. Ruggie, John Gerard, "International Regimes, Transactions, and Change: Embedded Liberalism in the Postwar Economic Order," *International Organization* 36 2, Spring 1982. pp. 379-415.

6.美國學到的這些教訓未必是真的教訓，後來有些研究顯示這些教訓的歷史因果關係未必是美國所想的。但是這些教訓確實是美國討論布列敦森林體制的前題。見 Bordo, Michael D., "The Bretton Woods International Monetary System: A Historical Overview," Bordo, Michael D., and Eichengreen, Barry, eds., *A Retrospective on the Bretton Woods System: Lessons for International Monetary Reform*. Chicago, Il.: University of Chicago Press, 1993. pp. 30-31.

7. Gardner, Richard N., *Sterling-Dollar Diplomacy*, New Expanded Edition. New York, NY.: McGraw-Hill Book Company,

1969. pp. 1-23. Sterling-Dollar Diplomacy 是研究布列敦森林談判的權威著作，1956 年由 Oxford University Press 初版，1969 年再版，1980 年由 Columbia University Press 三版，書名略改為 *Sterling-Dollar Diplomacy in Current Perspective*. 這本書平衡地說明美英雙方的顧慮、歧見及談判技巧。

8. Odell, John S., "From London to Bretton Woods: Sources of Change in Bargaining Strategies and Outcomes," *Journal of Public Policy* 8: 3/4, July-December, 1988. pp. 287-315.

9. Ikenberry, G. John, "The Political Origins of Bretton Woods," in *Bordo and Eichengreen*, Op.cit., 註 6 . pp.155-198.

10. 談判過程詳見，*Gardner*, Op.cit., 註 7 . 1969 年版，pp.110-144.

11. Eichengreen, Barry, Chitu, Livia, and Mehl, Arnaud, "Stability or Upheaval? The Currency Composition of International Reserves in the Long Run," *European Central Bank, Working Paper Series,* No. 1715, August 2014. p.25.

12. 1932 年開始的英鎊區規則包括加拿大。

13. Avaro, Maylis, "Zombie International Currency: The Pound Sterling 1945-1973," *Working Paper Series*, No. HEIDWP03-2020, updated version: April 2021, *Graduate Institute of International and Development Studies, International Economics Development, Graduate Institute of Geneve*, pp.16-27. 其中最顯著的四個例子是埃及（1947）、伊拉克（1959）、羅德西亞（1965）及緬甸（1966）。

14. 37.5 億美元，年息 2%，另外加上加拿大聯貸的 11.9 億美元。英國到 2006 年才還完這筆貸款。

15. Schenk, Catherine, "The Sterling Area 1945-1972," in Battilossi, Stefano, Cassis, Youssef, and Yago, Kazuhiko, eds., *Handbook of the History of Money and Currency*. Singapore: Springer Nature Singapore, 2020. pp. 783-785.

16. 這些協議內容很複雜，要看英國和成員之間的關係。例如英國會要求產油的成員經濟體的油價部分以英鎊報價及交易（世界大宗物資在第二次世界大戰後，幾乎都以美元報價及交易），以增加成員的英鎊外匯。

17. Shenck, Op.cit., 註 15 . p.787.

18. Cohen, Benjamin J., "The Reform of Sterling," *Essays in International Finance*, No. 77, December 1969, International Finance Section, Department of Economics, Princeton University.

19. Strange, Susan, "Sterling and British Policy: A Political View," *International Affairs* 47:2, April 1971. pp. 302-315.

20. 這稱為 Triffin Dilemma。Robert Triffin 是耶魯大學的經濟學家，1958 年他在國會作證，認為布列敦森林體制的國際貨幣體系有個根本弱點，因此無法長久維持。此弱點就是世界經濟需要美元，但美元越多，各國對美元的信心就越低，越有可能擠兌美元（換成黃金），以「美元—黃金」為中心的固定匯率無法維繫，布列敦森林的貨幣制度因而解體。後勢發展證明 Triffin 確有先見之明。見 Triffin, Robert, Gold and the Dollar Crisis. New Haven, CT: Yale University Press, 1961.

21. 甘迺迪曾於 1963 實施資本控制。甘迺迪的美元困境可見 https://www.presidency.ucsb.edu/documents/special-message-the-congress-balance-payments.

銀行對資本控制極為反對，也很快地利用歐洲美元市場規避控制。最重要的是，美國一直認為資本控制只是暫時措施，不應長期使用。

22. Gavin, Francis J., *Gold, Dollars, & Power: The Politics of International Monetary Relations*, 1958-1971. Chapel Hill, NC: The University of North Carolina Press, 2004. Viotti, Op.cit., 第二章註 42 . pp. 93-131.

23. 例見，Eichengreen, Barry, *Exorbitant Privilege: The Rise and Fall of the Dollar and the Future of the International Monetary System, reprint edition*. New York, NY: Oxford University Press, 2012.「囂張特權」這句話常被誤植給戴高樂。

24. Gowa, Joanne, *Closing the Gold Window: Domestic Politics and the End of Bretton Woods*. Ithaca, NY: Cornell University Press, 1983.

25. Konings, Martijn, "The Institutional Foundations of US Structural Power: From the Reemergence of Global Finance to the Monetarist Turn," *Review of International Political Economy* 15:1, February 2008. pp.47-51.

26. Seabrooke, Leonard, *The Social Sources of Financial Power: Domestic Legitimacy and International Financial Orders*. Ithaca, NY: Cornell University Press, 2006. pp.108-141.

27. Seabrooke, Leonard, *US Power in International Finance: The Victory of Dividends.* New York, NY: Palgrave, 2001.

28. Hawley, James P., "Protecting Capital from Itself: U.S. Attempts to Regulate the Eurocurrency System," *International*

Organization 38:1, Winter 1984. pp.131-165.

29. Konings, Op.cit., 註25. pp.50-53. 又見，Konings, Martijn, "The Construction of US Financial Power," *Review of International Studies* No.35: 1, January 2009. pp.69-94.

30. https://www.imf.org/en/About/executive-board/members-quotas.

31. Woods, Ngaire, "The United States and the International Financial Institutions: Power and Influence Within the World Bank and the IMF," in Foot, Rosemary, MacFarlane, S. Neil, and Mastanduno, Michael, eds., *US Hegemony and International Organizations: The United States and Multilateral Institutions.* New York, NY: Oxford University Press, 2002. pp.92-114.

32. Rukstad, Michael G., "The Decline of the Dollar: 1978," *Harvard Business School*, 9-384-116, rev. November 7, 2001.

33. Panitch, Leo, and Gindin, Sam, "Finance and American Empire," *Socialist Register* 41, 2005. pp.60-75.

第四章

1. Cohen, Benjamin J., *Currency Power*. Princeton, NJ: Princeton University Press, 2015. p.9.

2. American University, Professor David Vine 收集的時間序列資料。https://dra.american.edu/islandora/object/auislandora%3A94927. 1月/11日/2022上網取得

3. Cohen, Op.cit., 註一. pp.10-13.

4. U.S. Department of Treasury, The Treasury 2021 Sanctions Review. https://home.treasury.gov/system/files/136/Treasury-2021-sanctions-review.pdf.

5. Kirshner, Jonathan, *Currency and Coercion: The Political Economy of International Monetary Power*. Princeton, NJ: Princeton University Press, 1995. pp.62-84.

6. Ibid. pp.159-166.

7. Cortright, David, and Lopez, George A. *The Sanctions Decade: Assessing U.N. Strategies in the 1990s*. Boulder, CO: Lynne Rienner Publisher, 2000.

8. Cortright, David, and Lopez, George A., *Smart Sanctions: Targeting Economic Statecraft. Lanham*, MD: Rowman & Littlefield Publishers, 2002.

9. 其中的演進見 Drezner, Daniel W., "Sanctions Sometimes Smart: Targeted Sanctions in Theory and Practice," International Studies Review 13:1, March 2011.

10. Andrews, David M., "Capital Mobility and State Autonomy: Toward a Structural Theory of International Monetary Relation," *International Studies Quarterly* 38:2, 1994.

11. Standard & Poor, Moody' s, Fitch 是全世界最大的三個債券評等公司，它們的評等會影響債券（包括國債及公司債）的價格，進而影響到國家及公司的前景。見 Sinclair, Timothy J., T*he New Masters of Capital: American Bond Rating Agencies and the Politics of Creditworthiness*. Ithaca, NY: Cornell University Press, 2005.

12. Deloitte, Ernst & Young (EY), PricewaterhouseCoopers (PwC), and Klynveld Peat Marwick Goerdeler (KPMG) 是全世界會計公司的四巨頭，都是美國公司。見 Gow, Ian D., *The Big Four: The Curious Past and Perilous Future of the Global Accounting Monopoly*, Oakland, CA: Berrett-Koehler Publishers, 2018.

13. McKinsey 是全世界最大的顧問公司，也是美國公司。見 McDonald, Duff, *The Firm: The Story of McKinsey and Its Influence on American Business*, New York City, NY: Simon & Schuster, 2014. 它和前兩個註腳裡提到的三大信用評等公司及會計公司的四巨頭，在各自領域裡都已形成了全球性的網絡。

14. 例見 Oatley, Thomas, Winecoff, W. Kindred, Pinnock, Andrew and Danzman, Sarah Bauerle, "The Political Economy of Global Finance: A Network Model," Perspectives on *Politics* 11:1, March 2013.

15. Glasserman, Paul, and Loudis, Bert, "A Comparison of U.S. and International Global Systematically Important Banks," Office of Financial Research, Department of Treasury, OFR Brief Series, 15-07, August 4, 2015. https://www.financialresearch.gov/briefs/files/OFRbr-2015-07_A-Comparison-of-US-and-International-Global-Systemically-Important-Banks.pdf. 有興趣的讀者如果略為翻一下 JPMorgan Chase 2020 年的年度報告，應可對美國銀行和世界金融體系

的串聯有些具體的印象。https://www.jpmorganchase.com/content/dam/jpmc/jpmorgan-chase-and-co/investor-relations/documents/annualreport-2020.pdf,

16. Lin, Tom C.W., "Financial Weapons of War," *Minnesota Law Review 100*, 2016. p.1386.

17. 主場優勢只表示獲勝率較大，不代表絕對支配的地位。

18. 英國哲學家 Jeremy Bentham 設計的圓形全景監獄建築（panopticon architecture），是把警衛監視室置於圓形排列牢房的中心。這樣警衛只須一個人就可以監視所有犯人，此建築概念後來就應用到地緣政治上咽喉要地的監看功能。例如在全世界十餘個海峽或運河有足夠的佈建，就可監控過往船隻；再進一步，可阻絕船隻通過。十九世紀的大英帝國，二十世紀初以來的美國都在這些海上咽喉下了極大的功夫。中國近年來進行的「一帶一路」計畫，從戰略上來看，就是要繞過這些海上咽喉，例如中國對緬甸的支持就是要繞過麻六甲海峽。中國在南中國海的佈建，也是在加強監控與阻絕進入的能力。

19. Commercial Automated Clearinghouse Transactions Processed by the Federal Reserve—Annual Data. https://www.federalreserve.gov/paymentsystems/fedach_yearlycomm.htm.

20. https://www.newyorkfed.org/aboutthefed/fedpoint/fed36.html.

21. 根據最新資料（2021），CHIPS 有四十三個參與會員。台灣的兆豐國際商銀就是其中一員；中國則有四家銀行（中國銀行、交通銀行、招商銀行、中國工商銀行）是 CHIPS 會員。https://www.theclearinghouse.org/-/media/new/tch/documents/payment-systems/chips_participants_revised_01-25-2021.pdf.

22. https://www.swift.com/about-us/history.

23. https://www.statista.com/statistics/278970/share-of-purchase-transactions-on-global-credit-cards/. 國際市場占有率有不同的計算基準，例如可以用刷卡次數計算、總刷卡金額計算，可以用發卡張數計算，有時也把現金卡算入信用卡。不管用那個基準計算，結果都差不多。Visa 總是第一，銀聯卡第二或第三。重點是美國信用卡公司占全球的 65% 到 70% 左右。另外就是維基百科記載銀聯卡在 2015 年，依刷卡金額作基準，已超過了 Visa，成為世界第一。但刷卡金額中只有 0.5% 是在大陸境內消費的。https://en.wikipedia.org/wiki/UnionPay. 9/6/2022 點入。但別的資料卻無法印證維基百科這個講法。

24. Tusikov, Natasha, *Chokepoints: Global Private Regulation on the Internet*. Oakland, CA: University of California Press, 2017. Esp., Chapter 3, pp.68-115.

25. BBC, Visa and Mastercard suspend Russian operations. 3/6/2022. https://www.bbc.com/news/business-60637429.

26. Donohue, Laura K., "Anti-Terrorist Finance in the United Kingdom and the United States," *Michigan Journal of International Law* 27, 2006.

27. 第三章第 317 款就直接用了「長臂管轄」作為標題 "Long Arm Jurisdiction over Foreign Money Launders." 第 377 款的標題就是「治外法權」 "Extraterritorial Jurisdiction."

28. 平均值為作者依據美國財政部資料計算。

29. 財政部的金融制裁是和國際組織 Financial Action Task Force 一起運作的。這個國際組織的主要功能是反洗錢、反恐怖份子的金流。美國雖然骨子裡是美元單邊主義，但是表面上還是需要國際支持的。Katzenstein, Suzanne, "Dollar Unilateralism," *Indiana Law Journal* 90:1, Winter 2015.

30. https://home.treasury.gov/policy-issues/financial-sanctions/sanctions-programs-and-country-information.

31. https://www.treasury.gov/ofac/downloads/sdnlist.pdf. Updated on 1/22/2022. Accessed on 1/26/2022.

32. Michaels, Jon D., "All the President' s Spies: Private-Public Intelligence Partnerships in the War on Terror," *California Law Review* 96:4, August 2008. pp.901-966.

33. https://www.fincen.gov/resources/advisories/fincen-advisory-issue-40.

34. 詳見 *Congressional Research Service*, "Iran Sanctions," updated 4/6/2021.

35. 美國財政部新聞稿，9/20/2019。https://home.treasury.gov/news/press-releases/sm780.

36. Kittrie, Orde F., "New Sanctions for a New Century: Treasury' s Innovative Use of Financial Sanctions," *University of Pennsylvania Journal of International Law* 30:3, Spring 2009. pp.797-798.

37. 美國在國際金融上的政治運作最內幕的一本書是 Zarate, Juan C., *Treasury' s War: The Unleashing of a New Era of Financial Warfare*, New York: Public Affairs, 2013. Zarate 原是財政部的助理次長幫忙建立了財政部這一套利用金融

打擊流氓國家及恐怖組織的運作結構。2005-2009 出任國家安全會議副顧問，他書中講述的美國政府內部作為是非常重要的文獻。

38. Lichtblau, Eric, and Risen, James, “Bank Data Secretly Reviewed by U.S. to Fight Terrorism,” *New York Times*, 6/22/2006; Lichtblau and Risen, “Bank Data Is Sifted by U.S. in Secret to Block Terror,” *New York Times*, 6/23/2006.

39. Obama White House Archives, https://obamawhitehouse.archives.gov/issues/foreign-policy/iran-deal。

40. Reuters staff, “Iranian Banks Reconnected to SWIFT Network after Four-Year Hiatus,” 2/17/2016, https://www.reuters.com/article/us-iran-banks-swift-idUSKCN0VQ1FD.

41. Reuters staff, “SWIFT Says Suspending Some Iranian Banks’ Access to Messaging System,” 11/5/2018.

42. CNN, “Mnuchin Says Iran' s Central Bank to Be Cut off from Global System,” 11/8/2018. https://edition.cnn.com/2018/11/08/politics/iran-sanctions-mnuchin-swift/index.html.

43. Kitrrie, Op.cit., 註 36, pp.815-819.

44. 從 1960 年代開始，這個問題就一直存在。學者用不同的方法論、不同的資料庫、不同的計量學模型、不同的個案研究來解決這個問題。經濟制裁的研究因此卷帙浩繁，這可從以下兩篇檢閱文章中看出：Drezner, Daniel W., “Targeted Sanctions in a World of Global Finance,” *International Interactions* 41:4, 2015. Pala, Tadeas, “The Effectiveness of Economic Sanctions: A Literature Review,” *The NISPAcee Journal of Public Administration and Policy* 14:1, Summer 2021.

45. Porter, Patrick, and Mazarr, Michael “Countering China’ s Adventurism over Taiwan: A Third Way,” *Lowy Institute, Analyses*, 5/20/2021. https://www.lowyinstitute.org/publications/countering-china-s-adventurism-over-taiwan-third-way#sec44786.

46. Congressional Research Service, “De-Dollarization Efforts in China and Russia,” In *Focus*, 7/23/2021.

47. Kirshner, Jonathan, “Bring Them All Back Home? Dollar Diminution and U.S. Power,” *The Washington Quarterly*, 36:3, Summer 2013. Arnold, Aaron, “The True Costs of Financial Sanctions,” *Survival*, 58:3, June-July, 2016.

48. Cortright, David, and Lopez, George A., 註∞. Esp., Chapters 2, 3, 4.

49. Baldwin, David A., *Economic Statecraft*. Princeton, NJ: Princeton University Press, 1985.

50. 中國看到了美元武器化的威脅，在 2015 年建立了「人民幣跨境支付系統」（Cross-Border Inter-Bank Payments System, CIPS），這是個和 SWIFT 功能相同的系統，提供參與銀行之間的人民幣支付通訊。最後一章會詳細說明 CIPS。儘管俄羅斯和中國都了解美元武器化的威脅，也做了相當的對應，並且互為奧援，但還是很難擺脫美元的影響。Vita Spivak, "Can the Yuan Ever Replace the Dollar for Russia?" *Carnegie Moscow Center*, 2/8/2021. https://carnegiemoscow.org/commentary/85069. 即使人民幣和俄國盧布要相互兌換，中間還是要用美元作為匯率基準。

51. Connolly, Richard, *Russia's Response to Sanctions*. New York, NY: Cambridge University Press, 2019. Esp. Chapter 6, pp.153-190.

52. Bucholtz, Katharina, "Who Holds Russia's Central Bank Reserve?" Statista, 2/28/2022, based on Central Bank of Russia data as of 6/30/2021. https://www.statista.com/chart/26940/russian-central-bank-foreign-currency-and-gold-reserves-by-holder/.

53. Toumaj, Amir, "Iran's Economy of Resistance," *A Report by the Critical Threats Project of the American Enterprise Institute*, November 2014.

54. 讀者不論從 Google Search 或是在 CNKY 資料庫中瀏覽有關治外法權的文章，可看出中國大陸對治外法權的立場。例見史際春、吳鎬俊，「如何阻斷『長臂管轄』」，經貿法律評論，第 5 期，2021；王雷，「中國銀行協會：美法院行使長臂管轄權，中資銀行依法不應履行其判決」，人民網，6/26/2019. http://money.people.com.cn/BIG5/n1/2019/0626/c42877-31195027.html.

55. Raustiala, Kal, *Does the Constitution Follow the Flag: The Evolution of Territoriality in American Law*. New York, NY: Oxford University Press, 2009. Putnam, Tonya L., *Courts without Borders: Law, Politics, and U.S. Extraterritoriality*. New York, NY: Cambridge University Press, 2016.

56. 外國政府的「配合」的最佳例子，就是美國到任何外國駐軍，都一定會先簽駐軍條約，這個條約就是美國的治外法權。外國公司的「配合」有個最近的例子：瑞典的 Ericsson 為了專利使用費開告韓國的 Samsung，Ericsson 不僅在歐洲開告，也在美國開告。Bloomberg Law, "Samsung-Ericsson Royalty Feud Tests Foreign Injunction Strength," 3/20/2021. https://news.bloomberglaw.com/ip-law/samsung-ericcson-royalty-feud-tests-foreign-injunction-

strength.

57. 詳見 Department of Treasury, HSBC--OFAC Settlement Agreement, 12/11/2012. https://home.treasury.gov/system/files/126/121211_HSBC_Settlement.pdf. 以及 Department of Justice, Press Release 12/11/2012, https://www.justice.gov/opa/pr/hsbc-holdings-plc-and-hsbc-bank-usa-na-admit-anti-money-laundering-and-sanctions-violations.

58. 美國長臂管轄觸及到的，不是只有國際金融，還包括人權、腐敗、貿易、壟斷、證券等議題。

59. Verdier, Pierre-Hugues, "The New Financial Territoriality," *The George Washington Law Review* 87:2, March 2019. pp.240-241, 264-282.

60. Garrett, Brandon L., "Structural Reform Prosecution," *Virginia Law Review* 93:4, June 2007.

61. BBC News 中文，「中國制定《反外國制裁法》 應對美國『工具箱』的四個看點」，6/10/2021. https://www.bbc.com/zhongwen/trad/chinese-news-57399524. 這個法律的影響初步評估可見 Drinhausen, Katja, and Legarda, Helena, "China' s Anti-Foreign Sanctions Law: A Warning to the World," *MERICS, Short Analysis*, 6/24/2021. https://merics.org/en/short-analysis/chinas-anti-foreign-sanctions-law-warning-world.

62. Chapdelaine, Laetitia, "INSTEX: Europe' s Tough Maneuvering under the Influence of U.S. Secondary Sanctions," Sine Qua Non, January 2021, p. 6.

63. Geranmayeh, Ellie, and Rapnouil, Manuel Lafont, "Meeting the Challenge of Secondary Sanctions," *European Council on Foreign Relations*, ECFR/289, June 2019.

64. Ruys, Tom, and Ryngaert, Cedric "Secondary Sanctions: A Weapon out of Control? Part II: The Legality of Secondary Sanctions under Conventional Law and the IMF' s Tacit Approval Procedure for Payment Restrictions Inspired by Security Concerns," *EJIL: Talk!: Blog of the European Journal of International Law*, September 30, 2020. https://www.ejiltalk.org/secondary-sanctions-a-weapon-out-of-control-part-ii-the-legality-of-secondary-sanctions-under-conventional-law-and-the-imfs-tacit-approval-procedure-for-payment-restrictions-inspired-by-se/.

65. Tusikov, Natasha, 註 24 .

66. Mallard, Gregoire, and, Sun, Jin, "Viral Governance: How Unilateral U.S. Sanctions Changed the Rules of Financial

Capitalism,” *American Journal of Sociology* 128:1, July 2022. pp.144-188.

第五章

1. Baldwin, Richard, et.al., “Rebooting the Eurozone: Step I—Agreeing a Crisis Narrative,” *Centre for Economic Policy Research*, Policy Insight 85, November 2015.

2. Baldwin, Ibid., p.3.

3. Jones, Erik, “The Forgotten Financial Union: How You Can Have a Euro Crisis without a Euro,” in *Matthijs, Matthias, and Blyth, Mark, eds., The Future of the Euro*. New York, NY: Oxford University Press, 2015. pp.45-48.

4. Gourinchas, Pierre Olivier, Marin, Philippe, and Messer, Todd, “Economics of Sovereign Debt, Bailouts and the Eurozone Crisis,” *NBER Working Paper*, No.27403, June 2020.

5. Jones, Erik, Op.cit., 註3. pp.48-63.

6. Matthijs, Matthias, and McNamara, Kathleen, “The Euro Crisis’ Theory Effect: Northern Saints, Southern Sinners, and the Demise of the Eurobond,” *Journal of European Integration*, 37:2, February 2015. pp.229-245. Arrese, Angel, and Vara-Miguel, Alfonso, “A Comparative Study of Metaphors in Press Reporting of the Euro Crisis,” *Discourse and Society* 27:2, March 2016. pp.133-155.

7. Jabko, Nicolas, “The Elusive Economic Government and the Forgotten Fiscal Union,” in *Matthijs, Matthias, and Blyth, Mark, eds.*, Op.cit., 註3. pp.73-75.

8. Jacoby, Wade, “Europe’s New German Problem: The Timing of Politics and the Politics of Timing,” in *Matthijs, Matthias, and Blyth, Mark, eds.*, Op.cit., 註3. pp.187-209.

9. Germain, Randall, and Schwartz, Herman, “The Political Economy of Failure: The Euro as an International Currency,” *Review of International Political Economy* 21:5, September 2014. Esp. pp.1109-1113.

10. Cohen, Benjamin J., *The Future of Global Currency: The Euro versus the Dollar*. New York, NY: Routledge, 2011. p.99.

11. Cohen, Benjamin J., *Currency Power: Understanding Monetary Rivalry*. Princeton, NJ: Princeton University Press, 2015. pp.190-192. 中國也有類似的財政安排——富省幫助窮省的財政轉移，稱為「對口幫扶」, https://www.toutiao.com/article/7031453764842209822/?&source=m_redirect.

12.McNamara, Kathleen R., "The Forgotten Problem of Embeddedness: History Lessons for the Euro," in *Matthijs, Matthias, and Blyth, Mark, eds*., Op.cit., 註3 . pp.21-43.

13. McNamara, Kathleen R., "A Rival in the Making? The Euro and International Monetary Power," *Review of International Political Economy*, 15:3, August 2008. pp.439-459.

14.這一節的討論主要根據我出版的論文，Ho, Szu-yin, "Understanding the Internationalization of the Renminbi," in Leng, Tse-kang, and Aoyama, Rumi, eds., *Decoding the Rise of China*. London, UK: Palgrave Macmillan, 2018. pp.129-145.

15.周小川，「關於改革國際貨幣體系的思考」。http://big5.www.gov.cn/gate/big5/www.gov.cn/gzdt/2009-03/23/content_1266412.htm.

16. Wang, Qishan, "G20 Must Look beyond the Needs of the Top 20," *The Times*, March 27, 2009. https://www.thetimes.co.uk/article/g20-must-look-beyond-the-needs-of-the-top-20-smgldb0rlnt.

17.這兩篇官方文獻的分析及當時中國大陸的專家對美元的看法，見 Chin, Gregory, and Wang, Yong, "Debating the International Currency System: What ' s in a Speech?" *China Security*, 6:1, 2010. pp.3-20.

18. Kroeber, Arthur, "China ' s Global Currency: Lever for Financial Reform," *Brookings-Tsinghua Center for Public Policy, Monograph Series*, No.3, February 2013. pp.19-25. Thorton, Alistair, "Anemic Ascent: Why China ' s Currency Is Far from Going Global," *Lowy Institute*, August 2012. Freeman III, Charles W., and Yuan, Jin Wen, "China ' s Exchange Rate Politics," *A Report of the CSIS Freeman Chair in China Studies*, June 2011. Washington, D.C.: Center for Strategic and International Studies.

19. Yu, Yongding, "How Far Can Renminbi Internationalization Go?" in Eichengreen, Barry, and Kawai, Masahiro, eds., *Renminbi Internationalization: Achievements, Prospects, and Challenges*. Washington, DC: Jointly published by Asian

Development Bank Institute and Brookings Institution, 2015. p.60.

20. Kirshner, Jonathan, "Dollar Primacy and American Power: What's at Stake?," *Review of International Political Economy*, 15:3, August 2008. pp.418-438. And "After the (Relative) Fall: Dollar Diminution and the Consequences for American Power," in *Helleiner, Eric, and Kirshner, Jonathan, eds.*, *The Future of the Dollar*. Ithaca, NY: Cornell University Press, 2009. pp.191-215.

21. 人民幣國際化的政策很複雜，讀者可參考 Prasad, Eswar S., *Gaining Currency: The Rise of the Renminbi*. New York, NY: Oxford University Press, 2017. 這本書把技術性的問題講得很清楚。

22. Petry, Johannes, "Beyond Ports, Roads and Railways: Chinese Economic Statecraft, the Belt and Road Initiative and the Politics of Financial Infrastructures," *European Journal of International Relations*, 2022. pp.1-33.

23. Bank of International Settlement, Triennial Survey, Turnover of OTC Foreign Exchange Instruments, 2019. 因為是三年一次的調查，2019 年是這項調查的最新年份。

24. IMF, World Currency Composition.

25. SWIFT RMB Tracker: Monthly Reporting and Statistics on renminbi (RMB) Progress towards Becoming an International Currency. November, 2022.

26. Jin, Emily, "Why China's CIPS Matter (But Not for the Reason You Think)," *Lawfare, Blog*, April 5, 2022. https://www.lawfareblog.com/why-chinas-cips-matters-and-not-reasons-you-think.

27. U.S. Department of Treasury, Major Foreign Holders of Treasury Securities.

28. Christine, Wong, "The Fiscal Stimulus Programme and Public Governance Issues in China," *OEDC Journal on Budgeting*, 11:3, October 2011. pp.1-21.

29. http://politics.people.com.cn/n1/2016/0509/c1001-28333725.html.

30. Pettis, Michael, *Avoiding the Fall: China's Economic Restructuring*. Washington, D.C.: Carnegie Endowment for International Peace, 2013. McMahon, Dinny, *China's Great Wall of Debt: Shadow Banks, Ghost Cities, Massive Loans and*

the End of the Chinese Miracle. London, UK: Little, Brown, 2018.

31. 從 2022 年 2 月到 6 月，大陸的債市已流失 610 億美元。Li, Cao, and Ng, Serena, "Chinese Bond Market Records Fourth Month of Foreign Outflows," *The Wall Street Journal*, June 15, 2022. https://www.wsj.com/articles/chinese-bond-market-records-fourth-month-of-foreign-outflows-11655297653.

32. 國家外匯管理局。https://www.safe.gov.cn/safe/2022/0207/20625.html。

33. 根據 2019 年（最新資料）Chinn-Ito 金融開放指標，全球 175 個國家開放程度共分五等，中國名列開放程度最低的一等，得分只比十二個國家來的高。https://knoema.com/zekbmsc/the-chinn-ito-financial-openness-index.

34. 當然中國大陸也儘量推廣人民幣的國際使用，例如「一帶一路」有些計畫以人民幣做為報價或支付的貨幣，或是用亞投行承作人民幣貸款。但是這些國際化的人民幣數量，比起中國每年累積的大量貿易順差，差得太多了。人民幣要國際化，還是得靠資本市場的運作。

35. Pettis, Michael, "Changing the Top Global Currency Means Changing the Patterns of Global Trade," *Carnegie Foundation of Endowment, Blog*, April, 12, 2022. https://carnegieendowment.org/chinafinancialmarkets/86878.

36. 陳艷艷，羅黨論，〈政治周期、地方官員變更與資源配置〉，《上海財經大學學報》18:5，2016 年 10 月。pp.40-52. 陳艷艷，羅黨論，〈地方官員更替與企業投資〉，《經濟研究》2012 年增 2 期。pp.18-30.

37. McNally, Christopher A., "Sino-Capitalism: China's Reemergence and the International Political Economy," *World Politics* 64:4, October 2012. pp.741-776. Pei, Minxin, *China's Trapped Transition: The Limits of Developmental Autocracy.* Cambridge, MA: Harvard University Press, 2007. Also, Pei, *China's Crony Capitalism: The Dynamics of Regime Decay.* Cambridge, MA: Harvard University Press, 2016. Shih, Victor C., *Factions and Finance in China : Elite Conflict and Inflation.* New York, NY: Cambridge University Press, 2008.

38. Walter, Carl E., and Howie, Fraser J.T., *Red Capitalism: The Fragile Financial Foundation of China's Extraordinary Rise,* Singapore: John Wiley & Sons, 2012.

39. Eichengreen, Barry, *Exorbitant Privilege : The Rise and Fall of the Dollar and the Future of the International Monetary System*, New York, NY: Oxford University Press, 2011, p.7.

40. 例如 2015 年股市大跌時，政府規定只准買、不准賣股票。2022 年四月，河南四家地區銀行凍結了大約六億美元的存款。政府的解決辦法只准許部分存款人提領部分存款，犧牲了存款人的財產權。見 Pettis, Michael, “What’s in Store for China’s Mortgage Market,” *Blog*, August 12, 2022. Carnegie Endowment for International Peace. https://carnegieendowment.org/chinafinancialmarkets/87664. 根據 Property Rights Alliance 的統計，中國大陸在一百二十九國家中，位列第四十六，美國位列第六。 https://www.internationalpropertyrightsindex.org/country/chin. 準此而言，人民幣還是很難與美元爭霸。

41. Standard & Poor Global (China) Rating, April 15, 2021.

第六章

1. https://www.statista.com/statistics/263264/top-companies-in-the-world-by-market-capitalization/.

2. Zimmermann, Claus D., *A Contemporary Concept of Monetary Sovereignty, 1st Edition*. New York, NY: Oxford University Press, 2014.

3. Massad, Timothy G., “Facebook Libra 2.0: Why You Might Like It Even If We Can’t Trust Facebook,” *Economic Studies in Brookings*, June 2020.

4. Murphy, Hannah, and Stacey, Kiran, “Facebook Libra: The Inside Story of How the Company’s Cryptocurrency Dream Died,” *Financial Times*, March 10, 2022. https://www.ft.com/content/a88fb591-72d5-4b6b-bb5d-223adfb893f3.

5. Doshi, Rush, “China’s Ten-Year Struggle against U.S. Financial Power,” *The National Bureau of Asian Research, Blog*, January 6, 2020.

6. http://www.cips.com.cn/cips/ywfw/cyzgg/58052/index.html.

7. Eichengreen, Barry, “Sanctions, SWIFT, and China’s Cross-Border Interbank Payments System,” *Center for Strategic and International Studies, Marshall Papers*, No.1. p.4. May 20, 2022.

8. 雙方在協定下如何報價、多大比例交易石油可以用人民幣報價、如何支付，這些都是機密，外界無法獲知。

9. 2022 年五月，平穩貨幣 TerraUSD (TSD) 崩潰，其原因是少數的市場參與者的作為。因為 TerraUSD 市值不大，所以沒引起金融市場的恐慌。Kharif, Olga, “Terra Stablecoin’s Woes Prompted in Part by Celsius Network Activities, Researcher Says,” *Bloomberg*, May 28, 2022. https://www.bloomberg.com/news/articles/2022-05-27/terra-s-woes-prompted-in-part-by-celsius-activities-nansen-says.

10. Xie, Rain, “Why China Had to “Ban” Cryptocurrency But the U.S. Did Not: A Comparative Analysis of Regulations on Crypto-Markets between the U.S. and China,” *Washington University Global Studies Law Review* 18, 2019.

11. 科技日報，「是時候考慮入手一個數字貨幣錢包了」，12 月 4 日，2021 年。人民網，http://finance.people.com.cn/BIG5/n1/2021/1204/c1004-32299561.html.

12. Norrlof, Carla, *America’s Global Advantage: US Hegemony and International Cooperation*, Illustrated Edition. New York, NY: Cambridge University Press, 2010. Also, Norrlof, “Dollar Hegemony: A Power Analysis,” *Review of International Political Economy* 21:5, April 2014.

13. Alden, Edward, *Failure to Adjust: How Americans Got Left behind in the Global Economy.* New York, NY: Roman & Littlefield, 2017. Haskel, Jonathan, and Westlake, Stian, *Capitalism without Capital: The Rise of the Intangible Economy*. Princeton. NJ: Princeton University Press, 2018.

14. Pettis, Michael, “Will the Chinese Renminbi Replace the US Dollar?” *Review of Keynesian Economics* 10:4, Winter 2022. pp. 507-509.

15. Farrell, Henry, and Newman, Abraham L., “Weaponized Interdependence: How Global Economic Networks Shape State Coercion,” *International Security* 44:1, Summer 2019. Farrell and Newman, “Choke Points,” *Harvard Business Review*, January/February 2020. Farrell and Newman, “Weak Links in Finance and Supply Chains Are Easily Weaponized,” *Nature*, Vol. 605, May 2022. Drezner, Daniel W., Farrell, Henry, and Newman, Abraham L., eds., *The Uses and Abuses of Weaponized Interdependence*. Washington, DC: The Brookings Institution, 2021.

16. Allen-Ebrahimian, Bethany, “Europe Turns on China,” Axios, 9/20/2022. https://www.axios.com/2022/09/20/europe-turns-on-china.

17. Lin, Liza, and, Hao, Karen, “American Executives in Limbo at Chinese Chip Companies after U.S. Ban,” *The Wall Street Journal*, October 16, 2022.

參考書目

中文書目

- BBC News 中文，〈中國制定《反外國制裁法》 應對美國「工具箱」的四個看點〉，6/10/2021. https://www.bbc.com/zhongwen/trad/chinese-news-57399524.
- 王雷，〈中國銀行協會：美法院行使長臂管轄權，中資銀行依法不應履行其判決〉。人民網，6/26/2019. http://money.people.com.cn/BIG5/n1/2019/0626/c42877-31195027.html.
- 史際春、吳鏡俊，〈如何阻斷「長臂管轄」〉，《經貿法律評論》，第 5 期，2021。
- 何思因，〈金融體系與現代國家的建立：以英國與韓國為例〉，《政治學報》第 32 期，2001.
- 何思因，〈金融體系與國際競爭〉，《問題與研究》 44:6, 2005.
- 周小川，〈關於改革國際貨幣體系的思考〉。http://big5.www.gov.cn/gate/big5/www.gov.cn/gzdt/2009-03/23/content_1266412.htm.
- 科技日報，〈是時候考慮入手一個數字貨幣錢包了〉，12 月 4 日，2021 年。人民網，http://finance.people.com.cn/BIG5/n1/2021/1204/c1004-32299561.html.
- 國家外匯管理局，官方儲備資產。https://www.safe.gov.cn/safe/2022/0207/20625.html.
- 陳艷艷，羅黨論，〈地方官員更替與企業投資〉，《經濟研究》2012 年增 2 期。pp.18-30.
- 陳艷艷，羅黨論，〈政治周期、地方官員變更與資源配置〉，《上海財經大學學報》18:5，2016 年 10 月。pp.40-52.
- 黃仁宇，《萬曆十五年》。台北：食貨出版社，民國 83 年。
- 黃仁宇，《十六世紀明代中國之財政與稅收》。台北：聯經出版公司，民國 90 年。

• 黃鑑暉，《日昇昌—中國的華爾街》。台北：寶島社，民國 91 年。

• 權威人士，〈開局首季問大勢〉。《人民日報》，5/9/2016. http://politics.people.com.cn/n1/2016/0509/c1001-28333725.html.

英文書目

• ‘t Hart, Marjolein C., *The Making of a Bourgeois State: War, Politics, and Finance during the Dutch Revolt, Manchester*, UK: Manchester University Press, 1993.

• ‘t Hart, Marjolein, C., Jonker, Joost, and van Zanden, Jan Luiten, eds., *A Financial History of the Netherlands*, Cambridge, UK: Cambridge University Press, 1997.

• Alden, Edward, *Failure to Adjust: How Americans Got Left behind in the Global Economy*. New York, NY: Roman & Littlefield, 2017.

• Allen-Ebrahimian, Bethany, “Europe Turns on China,” *Axios*, 9/20/2022. https://www.axios.com/2022/09/20/europe-turns-on-china.

• Allison, Graham, *Destined for War: Can America and China Escape Thucydides Trap?*, Reprinted Edition. Boston, MA: Mariner Books, 2018.

• Anderson, Gary M., and Tollison, Robert D., “Adam Smith’s Analysis of Joint-Stock Companies,” *Journal of Political Economy* 90:6, December 1982.

• Andrews, David M., “Capital Mobility and State Autonomy: Toward a Structural Theory of International Monetary Relation,” *International Studies Quarterly* 38:2, June 1994.

• Ardant, Gabriel, “Financial Policy and Economic Infrastructure of Modern states and Nations,” in Tilly, Charles, ed., *The Formation of national States in Western Europe*. Princeton, NJ: Princeton University Press, 1975.

• Arnold, Aaron, “The True Costs of Financial Sanctions,” *Survival* 58:3, June-July, 2016.

• Arrese, Angel, and Vara-Miguel, Alfonso, "A Comparative Study of Metaphors in Press Reporting of the Euro Crisis," *Discourse and Society* 27:2, March 2016.

• Avaro, Maylis, "Zombie International Currency: The Pound Sterling 1945-1973," *Working Paper Series*, No. HEIDWP03-2020, updated version: April 2021. Graduate Institute of International and Development Studies, International Economics Development, Graduate Institute of Geneve.

• Baldwin, David A. *Economic Statecraft*. Princeton, NJ: Princeton University Press, 1985.

• Baldwin, Richard, et.al., "Rebooting the Eurozone: Step I—Agreeing a Crisis Narrative," *Centre for Economic Policy Research, Policy Insight* 85, November 2015.

• Bank of International Settlements, "Summary of locational banking statistics by currency, instrument, residence and sector of counterparty." https://knoema.com/BISSLSCIRSC2016/summary-of-locational-banking-statistics-by-currency-instrument-residence-and-sector-of-counterparty.

• Bank of International Settlements, "Turnover of OTC Foreign Exchange Instruments, by Currency," Triennial Surveys, https://stats.bis.org/statx/srs/table/d11.3

• Baskin, Jonathan Barron, and Miranti, Jr., Paul J., *A History of Corporate Finance*. London: Cambridge University Press, 1997.

• BBC, Visa and Mastercard suspend Russian operations. 3/6/2022. https://www.bbc.com/news/business-60637429.

• Berman, Harold J., *Law and Revolution: The Formation of the Western Legal Tradition*. Cambridge, MA: Harvard University Press, 1983.

• Bloomberg Law, "Samsung-Ericsson Royalty Feud Tests Foreign Injunction Strength 3/20/2021. https://news.bloomberglaw.com/ip-law/samsung-ericcson-royalty-feud-tests-foreign-injunction-strength.

• Bloomfield, Arthur I., "Monetary Policy under the International Gold Standard: 1880-1914," *Federal Reserve Bank of New York*, October, 1959.

- Bordo, Michael D., "The Bretton Woods International Monetary System: A Historical Overview," Bordo, Michael D., and Eichengreen, Barry, eds., *A Retrospective on the Bretton Woods System: Lessons for International Monetary Reform.* Chicago, Il.: University of Chicago Press, 1993.
- Bordo, Michael D., and Kydland, Finn E., "The Gold Standard as a Rule: An Essay in Exploration," in *Explorations in Economic History* 32:4, October 1995.
- Bordo, Michael D., and Rockoff, Hugh, "The Gold Standard as a Good House Keeping Seal of Approval," *NBER Working Paper* 5340, November 1995.
- Bordo, Michael D., and White, Eugene N., "A Tale of Two Currencies: British and French Finance during the Napoleonic Wars," *Journal of Economic History*, 51:2, June 1991.
- Boz, Emine, et.al., " Patterns in Invoicing Currency in Global Trade," *IMF Working Paper*, WP/20/126, July 2020.
- Brewer, John, *The Sinews of Power: War, Money, and the English State, 1688-1783.* New York, NY: Knopf, 1989.
- Broz, J. Lawrence, "The Domestic Politics of International Monetary Order: The Gold Standard," in Frieden, Jeffry A., Lake, David A., and Broz, J. Lawrence, eds., *International Political Economy: Perspectives on Global Power and Wealth*, 5th Edition. New York, NJ: W. W. Norton & Company, 2009.
- Bucholtz, Katharina, "Who Holds Russia' s Central Bank Reserve?" Statista, 2/28/2022, based on Central Bank of Russia data as of 6/30/2021. https://www.statista.com/chart/26940/russian-central-bank-foreign-currency-and-gold-reserves-by-holder/.
- Buiter, Willem H., and Marston, Richard C., eds, *International Economic Policy Coordination*. London: Cambridge University Press, 1985.
- Cain, Peter J., and Hopkins, Anthony G., "The Political Economy of British Expansion Overseas, 1750-1914," *The Economic History Review* 33:4, November 1980.
- Carlos, Ann M., Key, Jennifer, and Dupree, Jill L., "Learning and the Creation of Stock-Market Institutions: Evidence

from the Royal African and Hudson’s Bay Companies, 1670-1700,” *The Journal of Economic History* 58:2, June 1998.

• Carlos, Ann M., and Nicholas, Stephen, “Giants of an Earlier Capitalism: The Early Chartered Companies as an Analogue of the Modern Multinational,” *Business History Review* 26:3, Autumn 1988.

• Carlos, Ann M., and Nicholas, Stephen “Agency Problems in Early Chartered Companies: The Case of the Hudson’s Bay Company,” *Journal of Economic History* 50:4, December 1990.

• Carlos, Ann M., and Nicholas, Stephen,, “Principal-Agent Problems in Early Trading Companies: A Tale of Two Firms,” *American Economic Review* 82:2, May 1992.

• Carlos Ann M., and Nicholas, Stephen, “Theory and History: Seventeenth-Century Joint-Stock Chartered Trading Companies,” *Journal of Economic History* 56:4, December 1996.

• Carruthers, Bruce G., *City of Capital*. Princeton, NJ: Princeton University Press, 1996.

• Central Intelligence Agency, The World Factbook.

• Chapdelaine, Laetitia, “INSTEX: Europe’s Tough Maneuvering under the Influence of U.S. Secondary Sanctions,” *Sine Qua Non*, January 2021.

• Chaudhuri, K.N. *The English East India Company*. London: Frank Cass & Co., Ltd., 1965.

• Chin, Gregory, and Wang, Yong, “Debating the International Currency System: What’s in a Speech?” *China Security* 6:1, 2010.

• Chinn-Ito Financial Openness Index. https://knoema.com/zekbmsc/the-chinn-ito-financial-openness-index.

• CIPS, http://www.cips.com.cn/cips/ywfw/cyzgg/58052/index.html.

• CNN, “Mnuchin Says Iran’s Central Bank to Be Cut off from Global System,” 11/8/2018. https://edition.cnn.com/2018/11/08/politics/iran-sanctions-mnuchin-swift/index.html.

• Coats, A.W. Bob, *On the History of Economic Thought*, Vol. I, 1st Edition. New York: Routledge.

• Cohen, Benjamin J., “The Reform of Sterling,” *Essays in International Finance*, No. 77, International Finance Section,

Department of Economics, Princeton University. December 1969,

- Cohen, Benjamin J., *Organizing the World's Money*. New York: Basic Books, 1977.
- Cohen, Benjamin J., *The Future of Global Currency: The Euro versus the Dollar*. New York, NY: Routledge, 2011.
- Cohen, Benjamin J., *Currency Power: Understanding Monetary Rivalry*. Princeton, NJ: Princeton University Press, 2015.
- Congressional Research Service, "Iran Sanctions," updated 4/6/2021.
- Congressional Research Service, "De-Dollarization Efforts in China and Russia," In *Focus*, 7/23/2021.
- Connolly, Richard, *Russia's Response to Sanctions*. New York, NY: Cambridge University Press, 2019.
- Cortright, David, and Lopez, George A., *The Sanctions Decade: Assessing U.N. Strategies in the 1990s*. Boulder, CO: Lynne Rienner Publisher, 2000.
- Cortright, David, and Lopez, George A., eds., *Smart Sanctions: Targeting Economic Statecraft*. Lanham, MD: Rowman and Littlefield Publishers, 2002.
- Davies, Paul L., "History of Company Law to 1825," and "History of Company Law since 1825," in *Gower's Principles of Modern Company Law*. London: Sweet & Maxwell, 1997.
- Dickson, P.G.M., *The Financial Revolution in England: a study in the development of public credit, 1688-1756*. London: Routledge, 2017 (First Print 1967).
- Donohue, Laura K., "Anti-Terrorist Finance in the United Kingdom and the United States," *Michigan Journal of International Law* 27, 2005.
- Doshi, Rush, "China's Ten-Year Struggle against U.S. Financial Power," *The National Bureau of Asian Research*, Blog, January 6, 2020.
- Drezner, Daniel W., "Sanctions Sometimes Smart: Targeted Sanctions in Theory and Practice," *International Studies Review* 13:1, March 2011.

• Drezner, Daniel W., "Targeted Sanctions in a World of Global Finance," *International Interactions* 41:4, August 2015.

• Drezner, Daniel W., Farrell, Henry, and Newman, Abraham L., eds., *The Uses and Abuses of Weaponized Interdependence*. Washington, DC: The Brookings Institution, 2021.

• Drinhausen, Katja, and Legarda, Helena, "China's Anti-Foreign Sanctions Law: A Warning to the World," MERICS, Short Analysis, 6/24/2021. https://merics.org/en/short-analysis/chinas-anti-foreign-sanctions-law-warning-world.

• EH.Net. https://eh.net/encyclopedia/gold-standard/

• Eichengreen, Barry, "Conducting the International Orchestra: Bank of England Leadership under the Classical Gold Standard," *Journal of International Money and Finance* 6:1, March 1987.

• Eichengreen, Barry, "Hegemonic Stability Theories of the International Monetary System," *NBER, Working Paper* 2193, March 1987.

• Eichengreen, Barry, "International Policy Coordination in Historical Perspective: A View from the Interwar Years," Buiter, Willem H., and Marston, Richard C., eds, *International Economic Policy Coordination*. London: Cambridge University Press, 1985.

• Eichengreen, Barry, *Exorbitant Privilege : The Rise and Fall of the Dollar and the Future of the International Monetary System*. New York, NY: Oxford University Press, 2011, and Reprint Edition 2012.

• Eichengreen, Barry, "Sanctions, SWIFT, and China's Cross-Border Interbank Payments System," Center for Strategic and International Studies, *Marshall Papers*, No.1. May 20, 2022.

• Eichengreen, Barry, Chitu, Livia, and Mehl, Arnaud, "Stability or Upheaval? The Currency Composition of International Reserves in the Long Run," European Central Bank, *Working Paper Series*, No. 1715, August 2014.

• Eichengreen, Barry, and Kawai, Masahiro, eds., *Renminbi Internationalization: Achievements, Prospects, and Challenges*. Washington, DC: Jointly published by Asian Development Bank Institute and Brookings Institution, 2015.

• Eichengreen, Barry, and Flandreau, Marc, "Editors' Introduction," in Eichengreen, Barry, and Flandreau, Marc, eds.,

The Gold Standard in Theory and History, 2nd Edition. London: Routledge, 1997.

• Eichler, Maya, "Explaining Postcommunist Transformations: Economic Nationalism in Ukraine and Russia," in Eric Helleiner and Andreas Pickel, eds., *Economic Nationalism in a Globalizing World*. Ithaca, NY: Cornell University Press, 2005.

• Ekelund, Robert B. Jr., and Tollison, Robert D, "Mercantilist Origins of the Corporation," *The Bell Journal of Economics* 11:2, Autumn 1980.

• Ekelund, Robert B. Jr., and Tollison, Robert D., *Politicized Economies*. College Station, TX: Texas A & M University Press, 1997.

• Eurostat, https://ec.europa.eu/eurostat/web/products-eurostat-news/-/ddn-20210630-1.

• Evans, Peter, Rueschemeyer, Dietrich, and Skocpol, Theda, eds., *Bringing the State Back In*. New York, NY: Cambridge University Press, 1985.

• Farrell, Henry, and Newman, Abraham L., "Weaponized Interdependence: How Global Economic Networks Shape State Coercion," *International Security* 44:1, Summer 2019.

• Farrell and Newman, "Choke Points," *Harvard Business Review*, January/February 2020. Farrell and Newman, "Weak Links in Finance and Supply Chains Are Easily Weaponized," *Nature*, Vol. 605, May 2022.

• Feavearyear, Albert Edgar, *The Pound Sterling: A History of English Money*. London: Oxford University Press, 1931.

• Federal Reserve Board, CHIPS Participants List. https://www.theclearinghouse.org/-/media/new/tch/documents/payment-systems/chips_participants_revised_01-25-2021.pdf.

• Federal Reserve Board, Commercial Automated Clearinghouse Transactions Processed by the Federal Reserve—Annual Data. https://www.federalreserve.gov/paymentsystems/fedach_yearlycomm.htm.

• Ford, Alec G., "Notes on the Working of Gold Standard before 1914," in Eichengreen, Barry, ed., *The Gold Standard in Theory and History*, 1st Edition. London: Routledge Kegan & Paul, 1985.

• Freeman III, Charles W., and Yuan, Jin Wen, "China' s Exchange Rate Politics," *A Report of the CSIS Freeman Chair in China Studies*. Washington, D.C.: Center for Strategic and International Studies, June 2011.

• Frieden, Jeffry A., "The Dynamics of International Monetary Systems: International and Domestic Factors in the Rise, Reign, and Demise of the Classical Gold Standard," in Eichengreen, Barry, and Flandreau, Marc, eds., *The Gold Standard in Theory and History*, 2nd Edition. London: Routledge, 1997.

• Frieden, Jeffry A., Lake, David A., and Broz, J. Lawrence, eds., *International Political Economy: Perspectives on Global Power and Wealth*, 5th Edition. New York, NY: W.W. Norton & Company, 2009.

• Gardner, Richard N., *Sterling-Dollar Diplomacy*, New Expanded Edition. New York, NY.: McGraw-Hill Book Company, 1969 (1980).

• Garrett, Brandon L., "Structural Reform Prosecution," *Virginia Law Review* 93:4, June 2007.

• Gavin, Francis J., *Gold, Dollars, & Power: The Politics of International Monetary Relations, 1958-1971*. Chapel Hill, NC: The University of North Carolina Press, 2004.

• Gelderblom, Oscar, and Jonker, Joost, "Completing a Financial Revolution: The Finance of the Dutch East India Trade and the Rise of the Amsterdam Capital Market, 1595-1612," *Journal of Economic History* 64:5, September 2004.

• Geranmayeh, Ellie, and Rapnouil, Manuel Lafont, "Meeting the Challenge of Secondary Sanctions," *European Council on Foreign Relations*, ECFR/289, June 2019.

• Germain, Randall, and Schwartz, Herman, "The Political Economy of Failure: The Euro as an International Currency," *Review of International Political Economy* 21:5, September 2014.

• Gilpin, Robert, *War and Change in World Politics*. New York, NY: Cambridge University Press, 1981.

• Gilpin, Robert, *The Political Economy of International Relations*. Princeton, NJ: Princeton University Press, 1987.

• Glasserman, Paul, and Loudis, Bert, "A Comparison of U.S. and International Global Systematically Important Banks," OFR Brief Series, 15-07, Office of Financial Research, Department of Treasury, August 4, 2015. https://www.financialresearch.gov/briefs/files/OFRbr-2015-07_A-Comparison-of-US-and-International-Global-Systemically-Important-

Banks.pdf.

- Gow, Ian D., *The Big Four: The Curious Past and Perilous Future of the Global Accounting Monopoly*. Oakland, CA: Berrett-Koehler Publishers, 2018.
- Gowa, Joanne, *Closing the Gold Window: Domestic Politics and the End of Bretton Woods*. Ithaca, NY: Cornell University Press, 1983.
- Gourinchas, Pierre Olivier, Marin, Philippe, and Messer, Todd, "Economics of Sovereign Debt, Bailouts and the Eurozone Crisis," *NBER Working Paper*, No.27403, June 20
- Haskel, Jonathan, and Westlake, Stian, *Capitalism without Capital: The Rise of the Intangible Economy*. Princeton, NJ: Princeton University Press, 2018.
- Hawley, James P., "Protecting Capital from Itself: U.S. Attempts to Regulate the Eurocurrency System," *International Organization* 38:1, Winter 1984.
- Heckscher, Eli, *Mercantilism*, 2nd Edition. London: George Allen and Unwin, 1955.
- Helleiner, Eric, *States and the Reemergence of Global Finance*. Ithaca, NY: Cornell University Press, 1994.
- Helleiner, Eric, *The Making of National Money*. Ithaca, New York: Cornell University Press, 2003.
- Ho, Szu-yin, "Understanding the Internationalization of the Renminbi," in Leng, Tse-kang, and Aoyama, Rumi, eds., *Decoding the Rise of China*. London, UK: Palgrave Macmillan, 2018.
- Hopkirk, Peter, *The Great Game: The Struggle for Empire in Central Asia*. New York, NY: Kodansha International, 1992.
- Huang, Ray, *Taxation and Governmental Finance in sixteenth-Century Ming China*. New York, NY: Cambridge University Press, 1974.
- Huang, Ray, *1587, A Year of No Significance*. New Haven, CT: Yale University Press, 1981.
- Hume, David, On the Balance of Trade, 1752.
- Ikenberry, G. John, "The Political Origins of Bretton Woods," in *A Retrospective on the Bretton Woods System:*

Lessons for International Monetary Reform, eds. Bordo, Michael D., and Eichengreen, Barry, Chicago, Il.: University of Chicago Press, 1993.

IMF, IMF Members' Quotas and Voting Power, and IMF Board of Governors, updated September 14, 2022. https://www.imf.org/en/About/executive-board/members-quotas.

• IMF, Currency Composition of Official Foreign Reserve. 6/30/2022. https://data.imf.org/?sk=E6A5F467-C14B-4AA8-9F6D-5A09EC4E62A4.

• Ireland, Paddy, "Capitalism without Capitalist: The Joint Stock Company Share and the Emergence of the Modern Doctrine of Separate Corporate Personality," *Journal of Legal History* 17:1, April 1996.

• Irwin, Douglas A., "Mercantilism as Strategic Trade Policy: The Anglo-Dutch Rivalry for the East India Trade," *Journal of Political Economy* 99:6, December 1991.

• Irwin, Douglas A., "Strategic Trade Policy and Mercantilist Trade Rivalries," *American Economic Review* 82:2, May 1992.

• Irwin, Douglas A., *Against the Tide. Princeton*, NJ: Princeton University Press, 1996.

• Israel, Jonathan I., "A Conflict of Empires: Spain and the Netherlands 1618-1648," *Past and Present* 76:1, August 1977.

• Israel, Jonathan I., ed., *The Anglo-Dutch Moment*. New York, NY: Cambridge University Press, 1991.

• Jabko, Nicolas, "The Elusive Economic Government and the Forgotten Fiscal Union," in *Matthijs, Matthias, and Blyth, Mark, eds., The Future of the Euro*. New York, NY: Oxford University Press, 2015.

• Jacoby, Wade, "Europe' s New German Problem: The Timing of Politics and the Politics of Timing," in *Matthijs, Matthias, and Blyth, Mark, eds., The Future of the Euro*. New York, NY: Oxford University Press, 2015.

• James, Harold, "Monetary and Fiscal Unification in the Nineteenth-Century Germany: What Can Kohl Learn from Bismarck?" *Essays in International Finance*, No 202, March 1997. Princeton, NJ: Princeton University Department of

Economics.

- Jin, Emily, “Why China’s CIPS Matter (But Not for the Reason You Think),” *Lawfare Blog*, April 5, 2022. https://www.lawfareblog.com/why-chinas-cips-matters-and-not-reasons-you-think.
- Jones, Erik, “The Forgotten Financial Union: How You Can Have a Euro Crisis without a Euro,” in *Matthijs, Matthias, and Blyth, Mark, eds*., *The Future of the Euro*. New York, NY: Oxford University Press, 2015.
- Jones, S.R.H., and Ville, Simon P., “Efficient Transactors or Rent-Seeking Monopolists? The Rationale for Early Chartered Trading Companies,” *Journal of Economic History* 56:4, December 1996.
- JPMorgan Chase, Annual Report, 2020. https://www.jpmorganchase.com/content/dam/jpmc/jpmorgan-chase-and-co/investor-relations/documents/annualreport-2020.pdf.
- Katzenstein, Peter J., ed., *Between Power and Plenty: Foreign Economic Policies of Advanced Industrial States*. Madison, WI: University of Wisconsin Press, 1978.
- Kharif, Olga, “Terra Stablecoin’s Woes Prompted in Part by Celsius Network Activities, Researcher Says,” *Bloomberg*, May 28, 2022. https://www.bloomberg.com/news/articles/2022-05-27/terra-s-woes-prompted-in-part-by-celsius-activities-nansen-says.
- Katzenstein, Suzanne, “Dollar Unilateralism,” *Indiana Law Journal* 90:1. Winter 2015.
- Kennedy, John F., “Special Message to the Congress on Balance of Payments,” delivered on July 18, 1963. The American Presidency Project, University of California, Santa Barbara. https://www.presidency.ucsb.edu/documents/special-message-the-congress-balance-payments.
- Kennedy, Paul, “Strategy vs. Finance in Twentieth-Century Great Britain,” *International History Review* 3:1, January 1981.
- Kennedy, Paul, *The Rise and Fall of the Great Powers*. New York: Random House, 1987.
- Keynes, John Maynard, “The Economic Consequences of Mr. Churchill,” July 1925. https://www.gold.org/sites/default/files/documents/1925jul.pdf

- Kindleberger, Charles P., *The World in Depression, 1929-1939*, Berkeley, CA: University of California Press, 1973.
- Kindleberger, Charles P., *The World in Depression, 1929-1939*, Revised and Enlarged Edition. Berkeley, CA: University of California Press, 1986.
- Kindleberger, Charles P., *Manias, Panics, and Crashes: A History of Financial Crises*, Revised Edition. New York, NY: Basic Books, 1989.
- Kindleberger, Charles P., *A Financial History of Western Europe*, 2nd Edition. New York, NY: Oxford University Press, 1993.
- Kindleberger, Charles P., *World Economic Primacy: 1500-1990*. New York, NY: Oxford University Press, 1996.
- Kirshner, Jonathan, *Currency and Coercion*, Princeton, NJ: Princeton University Press, 1995.
- Kirshner, Jonathan, "Dollar Primacy and American Power: What' s at Stake?," *Review of International Political Economy* 15:3, August 2008.
- Kirshner, Jonathan, "After the (Relative) Fall: Dollar Diminution and the Consequences for American Power," in Helleiner, Eric, and Kirshner, Jonathan, eds., T*he Future of the Dollar*. Ithaca, NY: Cornell University Press, 2009.
- Kirshner, Jonathan, "Bring Them All Back Home? Dollar Diminution and U.S. Power," *The Washington Quarterly* 36:3, Summer 2013.
- Kittrie, Orde F., "New Sanctions for a New Century: Treasury' s Innovative Use of Financial Sanctions," *University of Pennsylvania Journal of International Law* 30:3, Spring 2009.
- Knafo, Samuel, "The Gold Standard and the Origins of the Modern International System," *Review of International Political Economy* 13:1, February, 2006.
- Konings, Martijn, "The Institutional Foundations of US Structural Power: From the Reemergence of Global Finance to the Monetarist Turn," *Review of International Political Economy* 15:1, December 2007.
- Konings, Martijn, "The Construction of US Financial Power," *Review of International Studies* 35:1, January 2009.

- Kroeber, Arthur, “China’s Global Currency: Lever for Financial Reform,” *Brookings-Tsinghua Center for Public Policy, Monograph Series 3*. February 2013.
- Krueger, Anne O., “The Political Economy of the Rent-Seeking Society,” *American Economic Review* 64:3, June 1974.
- Lal, Deepak, *Unintended Consequences*. Cambridge, MA: MIT Press, 1998.
- Lambert, Nicholas A., *Planning Armageddon*. Cambridge, MA: Harvard University Press,: 2012.
- Li, Cao, and Ng, Serena, “Chinese Bond Market Records Fourth Month of Foreign Outflows,” *The Wall Street Journal*, June 15, 2022. https://www.wsj.com/articles/chinese-bond-market-records-fourth-month-of-foreign-outflows-11655297653.
- Lichtblau, Eric, and Risen, James, “Bank Data Secretly Reviewed by U.S. to Fight Terrorism,” *New York Times*, 6/22/2006.
- Lichtblau, Eric, and Risen, James, “Bank Data Is Sifted by U.S. in Secret to Block Terror,” *New York Times*, 6/23/2006.
- Lin, Liza, and, Hao, Karen, “American Executives in Limbo at Chinese Chip Companies after U.S. Ban,” *The Wall Street Journal*, October 16, 2022.
- Lin, Tom C.W., “Financial Weapons of War,” *Minnesota Law Review* 100, 2015.
- Lindert, Peter H., “Key Currencies and Gold, 1900-1913,” *Princeton Studies in International Finance*, No.24, 1969.
- McCloskey, Donald N., and Zecher, J Richard, “How the Gold Standard Worked, 1880-1913,” in Eichengreen, Barry, ed., *The Gold Standard in Theory and History*, 1st Edition. New York: Mathuen, 1985.
- McDonald, Duff, *The Firm: The Story of McKinsey and Its Influence on American Business*. New York, NY: Simon & Schuster, 2014.
- McLean, David, “Finance and “Informal Empire” before the First World War,” *Economic History Review* 29:2, May 1976.

• McCloskey, Donald N., and Zecher, J Richard, "How the Gold Standard Worked, 1880-1913," in Eichengreen, Barry, ed., *The Gold Standard in Theory and History*, 1st Edition. London: Routledge Kegan & Paul, 1985.

• McMahon, Dinny, *China's Great Wall of Debt: Shadow Banks, Ghost Cities, Massive Loans and the End of the Chinese Miracle*. London, UK: Little, Brown, 2018.

• McNally, Christopher A., "Sino-Capitalism: China's Reemergence and the International Political Economy," *World Politics* 64:4, October 2012.

• McNamara, Kathleen R., "A Rival in the Making? The Euro and International Monetary Power," *Review of International Political Economy* 15:3, August 2008.

• McNamara, Kathleen R., "The Forgotten Problem of Embeddedness: History Lessons for the Euro," in Matthijs, Matthias, and, Blyth, Mark, eds., *The Future of the Euro*. New York, NY: Oxford University Press, 2015.

• Magnusson, Lars, *Mercantilism: The Shaping of an Economic Language*. New York, NY: Routledge, 1994.

• Mallard, Gregoire, and, Sun, Jin, "Viral Governance: How Unilateral U.S. Sanctions Changed the Rules of Financial Capitalism," *American Journal of Sociology* 128:1, July 2022.

• Mansfield, Edward D., *Power, Trade, and War*. Princeton, NJ: Princeton University Press, 1994.

• Massad, Timothy G., "Facebook Libra 2.0: Why You Might Like It Even If We Can't Trust Facebook," *Economic Studies in Brookings*, June 2020.

• Mathias, Peter, and O'Brien, Patrick, "Taxation in Britain and France, 1715-1810: A Comparison of Social and Economic Incidence of Taxes Collected for the Central Government," *Journal of European Economic History* 5:3, Winter 1976.

• *Matthijs, Matthias, and Blyth, Mark, eds*., *The Future of the Euro*. New York, NY: Oxford University Press, 2015.

• Matthijs, Matthias, and McNamara, Kathleen, "The Euro Crisis' Theory Effect: Northern Saints, Southern Sinners, and the Demise of the Eurobond," *Journal of European Integration* 37:2, February 2015.

• Michaels, Jon D., "All the President's Spies: Private-Public Intelligence Partnerships in the War on Terror," *California*

Law Review 96:4, August 2008.

• Mitchener, Kris James, Shizume, Masato, and Weidenmier, Marc D., "Why Did Countries Adopt the Gold Standard? Lessons from Japan." *NBER Working Paper* 15195, 2009.

• Micklethwait, John, and Wooldridge, Adrian, *The Company: A Short History of a Revolutionary Idea*. New York, NY: Modern Library, a division of Random House, 2003.

• Modelski, George, “The Long Cycle of Global Politics and he Nation-State,” *Comparative Studies in Society and History* 20:2, April 1978.

• Morrison, Rodney J., “The London Monetary and Economic Conference of 1933: A Public Goods Analysis,” *American Journal of Economics and Sociology* 52:3, July 1993.

• Murphy, Hannah, and Stacey, Kiran, “Facebook Libra: The Inside Story of How the Company’s Cryptocurrency Dream Died,” *Financial Times*, March 10, 2022. https://www.ft.com/content/a88fb591-72d5-4b6b-bb5d-223adfb893f3.

• Neal, Larry, “The Integration and Efficiency of the London and Amsterdam Stock Markets in the Eighteenth Century,” *Journal of Economic History* 47:1, March 1987.

• Neal, Larry, *The Rise of Financial Capitalism*. New York, NY: Cambridge University Press, 1990.

• Norrlof, Carla, *America’s Global Advantage: US Hegemony and International Cooperation*, Illustrated Edition. New York, NY: Cambridge University Press, 2010.

• Norrlof, Carla, “Dollar Hegemony: A Power Analysis,” *Review of International Political Economy*, 21:5, April 2014.

• North, Douglass C., *The Economic Growth of the United States 1790-1860*. New York, NY: W.W. Norton, 1966.

• North, Douglass C., and Thomas, Robert Paul, *The Rise of the Western World: A New Economic History*. New York, NY: Cambridge University Press, 1973.

• North, Douglass C., and Weingast, Barry R., “Constitutions and Commitment: The Evolution of Institutions Governing Public Choice in Seventeenth-Century England,” *The Journal of Economic History* 49:4, December 1989.

- Oatley, Thomas, Winecoff, W. Kindred, Pinnock, Andrew, and Danzman, Sarah Bauerle, "The Political Economy of Global Finance: A Network Model," Perspectives on *Politics* 11:1, March 2013.
- Obama White House Archives, https://obamawhitehouse.archives.gov/issues/foreign-policy/iran-deal.
- Odell, John S., "From London to Bretton Woods: Sources of Change in Bargaining Strategies and Outcomes," *Journal of Public Policy* 8: 3/4, July-December, 1988.
- Organski, A.F.K., *World Politics*, 2nd Edition. New York, NY: Alfred A. Knopf, Inc., 1968.
- Oye, Kenneth A., "The Sterling-Dollar-Franc Triangle: Monetary Diplomacy 1929-1937," *World Politics* 38:1, October 1985.
- Pala, Tadeas, "The Effectiveness of Economic Sanctions: A Literature Review," *The NISPAcee Journal of Public Administration and Policy* 14:1, Summer 2021.
- Panitch, Leo, and Gindin, Sam, "Finance and American Empire," *Socialist Register* 41, 2005.
- Panitch, Leo, and Sam Gindin, "Finance and American empire." In Panitch, Leo, and Konigs, Martijn, eds., *American empire and the political economy of global finance*. London: Palgrave Macmillan, 2009.
- Pei, Minxin, *China' s Trapped Transition: The Limits of Developmental Autocracy. Cambridge*, MA: Harvard University Press, 2007.
- Pei, Minxin, *China' s Crony Capitalism: The Dynamics of Regime Decay*. Cambridge, MA: Harvard University Press, 2016.
- Petry, Johannes, "Beyond Ports, Roads and Railways: Chinese Economic Statecraft, the Belt and Road Initiative and the Politics of Financial Infrastructures," *European Journal of International Relations*, 2022.
- Pettis, Michael, *Avoiding the Fall: China' s Economic Restructuring*. Washington, D.C.: Carnegie Endowment for International Peace, 2013.
- Pettis, Michael, "Changing the Top Global Currency Means Changing the Patterns of Global Trade," Carnegie Endowment for International Peace, Blog, April 12, 2022. https://carnegieendowment.org/chinafinancialmarkets/86878.

- Pettis, Michael, "What' s in Store for China' s Mortgage Market," Carnegie Endowment for International Peace, Blog, August 12, 2022.. https://carnegieendowment.org/chinafinancialmarkets/87664.
- Porter, Patrick, and Mazarr, Michael, "Countering China' s Adventurism over Taiwan: A Third Way," Lowy Institute, Analyses, 5/20/2021. https://www.lowyinstitute.org/publications/countering-china-s-adventurism-over-taiwan-third-way#sec44786.
- Potter, Mark, "Good Offices: Intermediation by Corporate Bodies in Early Modern French Public Finance," *The Journal of Economic History* 60:3, September 2000.
- Powelson, John P., *Centuries of Economic Endeavor*. Ann Arbor, MI: University of Michigan Press, 1994.
- Prasad, Eswar S., *Gaining Currency: The Rise of the Renminbi*. New York, NY: Oxford University Press, 2017.
- Property Rights Alliance. International Property Rights Index, 2022. https://www.internationalpropertyrightsindex.org/country/chin.
- Putnam, Tonya L., *Courts without Borders: Law, Politics, and U.S. Extraterritoriality*. New York, NY: Cambridge University Press, 2016.
- Qian, Yingyi, and Weingast, Barry R., "Federalism as a Commitment to Preserving Market Incentives," *Journal of Economic Perspectives* 11:4, Fall 1977.
- Quinn, Stephen, and Roberds, William, "Death of a Reserve Currency," *Federal Reserve Bank of Atlanta, Working Paper* 2014-17, September, 2014.
- Rasler, Karen A., and Thompson, William R., "Global Wars, Public Debts, and the Long Cycle," *World Politics* 35:4, July 1983.
- Raustiala, Kal, Does *the Constitution Follow the Flag: The Evolution of Territoriality in American Law*. New York, NY: Oxford University Press, 2009.
- Redish, Angela, "The Evolution of the Gold Standard in England," *Journal of Economic History* 50:4, December 1990.

- Reuters staff, "Iranian Banks Reconnected to SWIFT Network after Four-Year Hiatus," 2/17/2016, https://www.reuters.com/article/us-iran-banks-swift-idUSKCN0VQ1FD.
- Reuters staff, "SWIFT Says Suspending Some Iranian Banks' Access to Messaging System," 11/5/2018. https://www.reuters.com/article/us-usa-iran-sanctions-swift-idUSKCN1NA1PN.
- Root, Hilton L., *The Fountain of Privilege*. Berkeley, CA: University of California Press, 1994.
- Ruggie, John Gerard, "International Regimes, Transactions, and Change: Embedded Liberalism in the Postwar Economic Order," *International Organization* 36:2. Spring 1982.
- Rukstad, Michael G., "The Decline of the Dollar: 1978," *Harvard Business School*, 9-384-116, rev. November 7, 2001.
- Ruys, Tom, and Ryngaert, Cedric "Secondary Sanctions: A Weapon out of Control? Part II: The Legality of Secondary Sanctions under Conventional Law and the IMF's Tacit Approval Procedure for Payment Restrictions Inspired by Security Concerns," EJIL: Talk!: Blog of the European Journal of International Law, September 30, 2020. https://www.ejiltalk.org/secondary-sanctions-a-weapon-out-of-control-part-ii-the-legality-of-secondary-sanctions-under-conventional-law-and-the-imfs-tacit-approval-procedure-for-payment-restrictions-inspired-by-se/.
- Sargent, Thomas J., and Francois R. Velde, "Macroeconomic Features of the French Revolution," *Journal of Political Economy* 103:3, June 1995.
- Schenk, Catherine, "The Sterling Area 1945-1972," in Battilossi, Stefano, Cassis, Youssef, and Yago, Kazuhiko, eds., *Handbook of the History of Money and Currency*. Singapore: Springer Nature Singapore, 2020.
- Schubert, Eric S., "Innovations, Debts, and Bubbles: International Integration of Financial Markets in Western Europe, 1688-1720," *Journal of Economic History* 48:2, June 1988.
- Schultz, Kenneth A., and Weingast, Barry R., "The Democratic Advantage: Institutional Foundations of Financial Power in International Competition," *International Organization* 57: 1, Winter 2003.
- Seabrooke, Leonard, *US Power in International Finance: The Victory of Dividends*. New York, NY: Palgrave, 2001.
- Seabrooke, Leonard, *The Social Sources of Financial Power: Domestic Legitimacy and International Financial Orders.*

Ithaca, NY: Cornell University Press, 2006.

• Shih, Victor C., *Factions and Finance in China : Elite Conflict and Inflation*. New York, NY: Cambridge University Press, 2008.

• Simmons, Beth A., *Who Adjusts: Domestic Sources of Foreign Economic Policy During the Interwar Years*. Princeton, NJ: Princeton University Press, 1994.

• Sinclair, Timothy J., *The New Masters of Capital: American Bond Rating Agencies and the Politics of Creditworthiness*. Ithaca, NY: Cornell University Press, 2005.

• Spivak, Vita, "Can the Yuan Ever Replace the Dollar for Russia?" Carnegie Moscow Center, 2/8/2021. https://carnegiemoscow.org/commentary/85069.

• Standard & Poor Global (China) Rating, April 15, 2021.

• Statista, The 100 largest companies in the world by market capitalization in 2022. https://www.statista.com/statistics/263264/top-companies-in-the-world-by-market-capitalization/

• Statista, Share of Purchase Transactions on Global Credit Cards. https://www.statista.com/statistics/278970/share-of-purchase-transactions-on-global-credit-cards/

• Stigler, George J., "The Economists and the Problem of Monopoly," *The American Economic Review* 72:2, May, 1982.

• Strange, Susan, "Sterling and British Policy: A Political View," *International Affairs* 47:2, April 1971.

• Sussman, Nathan, and Yafeh, Yishay, "Institutions, Reforms, and Country Risk: Lessons from Japanese Government Debt in the Meiji Era," *The Journal of Economic History* 60:2, June 2000.

• Sutherland, Lucy S., "The East India Company in Eighteenth-Century Politics," *Economic History Review* 17:1, January 1947.

• SWIFT, RMB Tracker: Monthly Reporting and Statistics on renminbi (RMB) Progress towards Becoming an International Currency. August 2022.

- Thomson, Janice E., *Mercenaries, Pirates, and Sovereigns. Princeton*, NJ: Princeton University Press, 1994.
- Thorton, Alistair, "Anemic Ascent: Why China's Currency Is Far from Going Global," *Lowy Institute*, August 2012.
- Tilly, Charles, "War Making and State Making as Organized Crime," in Evans, Peter, Rueschemeyer, Dietrich, and Skocpol, Theda, eds., *Bringing the State Back In*. New York, NY: Cambridge University Press, 1985.
- Tilly, Charles, *The Contentious French*. Cambridge, MA: the Belknap Press, 1986.
- Tilly, Charles, *Coercion, Capital, and European States*, AD 990-1990, 1st Edition, Cambridge, MA: Basil Blackwell, 1990.
- Toumaj, Amir, "Iran's Economy of Resistance," *A Report by the Critical Threats Project of the American Enterprise Institute*, November 2014.
- Triffin, Robert, *Gold and the Dollar Crisis*. New Haven, CT: Yale University Press, 1961.
- Tusikov, Natasha, *Chokepoints: Global Private Regulation on the Internet*. Oakland, CA: University of California Press, 2017.
- U.S. Department of Justice, Press Release, 12/11/2012, https://www.justice.gov/opa/pr/hsbc-holdings-plc-and-hsbc-bank-usa-na-admit-anti-money-laundering-and-sanctions-violations.
- U.S. Department of Treasury, Financial Crime Enforcement Network (FinCen), Advisory. https://www.fincen.gov/resources/advisories/fincen-advisory-issue-40.
- U.S. Department of Treasury, Financial Crime Enforcement Network (FinCen), https://www.fincen.gov/history-anti-money-laundering-laws.
- U.S. Department of Treasury, HSBC--OFAC Settlement Agreement, 12/11/2012. https://home.treasury.gov/system/files/126/121211_HSBC_Settlement.pdf.
- U.S. Department of Treasury, Major Foreign Holders of Treasury Securities. https://ticdata.treasury.gov/Publish/mfh.txt.
- U.S. Department of Treasury, Office of Foreign Assets and Control. Specially Designated Nationals and Blocked Persons.

https://www.treasury.gov/ofac/downloads/sdnlist.pdf.

- U.S. Department of Treasury, Press Release, 9/20/2019. https://home.treasury.gov/news/press-releases/sm780.
- U.S. Department of Treasury, Sanctions Programs and Country Information. https://home.treasury.gov/policy-issues/financial-sanctions/sanctions-programs-and-country-information.
- U.S. Department of Treasury, The Treasury 2021 Sanctions Review. https://home.treasury.gov/system/files/136/Treasury-2021-sanctions-review.pdf..
- Velde, Francois R. and Weir, David R., "The Financial Market and Government Debt Policy in France, 1746-1793," *Journal of Economic History* 52:1, March 1992.
- Verdier, Pierre-Hugues, "The New Financial Territoriality," *The George Washington Law Review* 87:2, March 2019.
- Vine, David, American University, Time Series Data. https://dra.american.edu/islandora/object/auislandora%3A94927.
- Viner, Jacob, "International Finance and Balance of Power Diplomacy, 1880-1914," *Political and Social Science Quarterly* 9, January 1928.
- Viner, Jacob, "English Theories of Foreign Trade before Adam Smith," *Journal of Political Economy* 38:3, June 1930, and 38:4, August 1930.
- Viner, Jacob, "Power versus Plenty as Objectives of Foreign Policy in the Seventeenth and Eighteenth Centuries," *World Politics* 1:1, October 1948.
- Viner, Jacob, "Mercantilist Thought," *The International Encyclopedia of the Social Sciences* 4. New York, NY: Macmillan and the Free Press, 1968.
- Viotti, Paul R., *The Dollar and National Security: The Monetary Component of Hard Power*. Palo Alto, CA: Stanford University Press, 2014.
- Walter, Andrew, *World Power and World Money*, London: Harvester Wheatsheaf, 1993.
- Walter, Carl E., and Howie, Fraser J.T., *Red Capitalism: The Fragile Financial Foundation of China' s Extraordinary*

Rise. Singapore: John Wiley & Sons, 2012.

- Wang, Qishan, "G20 Must Look beyond the Needs of the Top 20," *The Times*, March 27, 2009. https://www.thetimes.co.uk/article/g20-must-look-beyond-the-needs-of-the-top-20-smgldb0rlnt.
- Webster, Anthony, "The Political Economy of Trade Liberalization: the East India Company Charter Act of 1813," *Economic History Review*, 2nd ser., 43:3, August 1990.
- Weingast, Barry R., "The Economic Role of Political Institutions: Market-Preserving Federalism and Economic Development," *The Journal of Law, Economics, and Organization* 11:1, April 1995.
- Wells, John and Wills, Douglas, "Revolution, Restoration, and Debt Repudiation: The Jacobite Threat to England' s Institutions and Economic Growth," *Journal of Economic History* 60:2, June 2000.
- Whale, P. Barrett, "A Retrospective View of the Bank Charter Act of 1844," *Economica*, New Series 11: 43, August, 1944.
- Wong, Christine, "The Fiscal Stimulus Programme and Public Governance Issues in China," *OEDC Journal on Budgeting* 11:3, 2011.
- Woods, Ngaire, "The United States and the International Financial Institutions: Power and Influence Within the World Bank and the IMF," in Foot, Rosemary. MacFarlane, S. Neil, and Mastanduno, Michael, eds., *US Hegemony and International Organizations: The United States and Multilateral Institutions*. New York, NY: Oxford University Press, 2002.
- Xie, Rain, "Why China Had to "Ban" Cryptocurrency But the U.S. Did Not: A Comparative Analysis of Regulations on Crypto-Markets between the U.S. and China," *Washington University Global Studies Law Review* 18, 2019.
- Yeager, Leland B., "The Image of the Gold Standard," in Bordo, Michael D., and Schwartz, Anna J., eds., *A Retrospective on the Classical Gold Standard, 1821-1931*. Chicago: University of Chicago, 1984.
- Yu, Yongding, "How Far Can Renminbi Internationalization Go?" in Eichengreen, Barry, and Kawai, Masahiro, eds., *Renminbi Internationalization: Achievements, Prospects, and Challenges*, Jointly published by Asian Development Bank

Institute and Brookings Institution, 2015.

- Zarate, Juan C., *Treasury' s War: The Unleashing of a New Era of Financial Warfare*. New York, NY: Public Affairs, 2013.

- Zimmermann, Claus D., *A Contemporary Concept of Monetary Sovereignty*, 1st Edition. New York, NY: Oxford University Press, 2014.

全球視野

霸權貨幣的地緣政治課

2023年3月初版　　定價：新臺幣360元
2023年7月初版第三刷

Printed in Taiwan.

著者　何思因
叢書編輯　連玉佳
校對　鄭碧君
內文排版　黃雅群
封面設計　FE設計葉馥儀

出版者　聯經出版事業股份有限公司
地址　新北市汐止區大同路一段369號1樓
叢書編輯電話　(02)86925588轉5315
台北聯經書房　台北市新生南路三段94號
電話　(02)23620308
郵政劃撥帳戶第0100559-3號
郵撥電話　(02)23620308
印刷者　文聯彩色製版印刷有限公司
總經銷　聯合發行股份有限公司
發行所　新北市新店區寶橋路235巷6弄6號2樓
電話　(02)29178022

副總編輯　陳逸華
總編輯　涂豐恩
總經理　陳芝宇
社長　羅國俊
發行人　林載爵

行政院新聞局出版事業登記證局版臺業字第0130號

本書如有缺頁，破損，倒裝請寄回台北聯經書房更換。　ISBN 978-957-08-6809-8 (平裝)
聯經網址：www.linkingbooks.com.tw
電子信箱：linking@udngroup.com

國家圖書館出版品預行編目資料

霸權貨幣的地緣政治課/何思因著．初版．新北市．聯經．
2023年3月．240面．14.8×21公分（全球視野）
ISBN 978-957-08-6809-8（平裝）
[2023年7月初版第三刷]

1.CST：國際貨幣 2. CST：國際金融市場 3. CST：國際貨幣經濟學

561.19 112001441